gaston
LENÔTRE

LES DESSERTS
DE MON ENFANCE

Très jeune, privé de sa mère, mon père Gaston fut élevé par une nourrice ; c'était vers 1875.

A douze ans, apprenti pâtissier à Cormeilles près de Lisieux, mon père devait fournir six tabliers et douze torchons par an à son patron ; un seul jour de congé annuel – le mercredi des Cendres…

Il m'a longuement raconté sa jeunesse. Au fil des années, je le revois sous-chef sur la photo des cuisines du Grand Hôtel à Paris ; encore un bond dans le temps et il se marie avec Eléonore, quitte Paris pour une petite ferme en Normandie, à Saint-Nicolas, entre Bernay et la vallée d'Auge.

C'est là que je suis né en 1920, précédant d'une courte année mon frère Marcel. Nous ne nous sommes pour ainsi dire jamais quittés.

Je n'ai connu de mon père que l'image d'un homme convivial, généreux et plein de bons sens. Où avait-il acquis sa culture ? Musicien, saxophone ténor, président de la musique municipale de Bernay, maire de Saint-Nicolas pendant trente-cinq ans et conseiller cantonal, il se dévoue à la cause des plus faibles. Cultivateur-éleveur averti merveilleusement aidé par Eléonore, grâce à son savoir-faire la ferme s'agrandit, jusqu'au jour où une congestion cérébrale l'oblige à quitter sa terre.

J'aimerais aussi vous parler d'Eléonore, cadette de quatre filles, née dans une petite ferme à Saint-Nicolas, élevée par sa grand-mère Adélaïde, veuve très jeune.

J'ai cru comprendre que mon grand-père maternel s'était usé au travail. Adélaïde a fait front, sans allocations familiales ni assurances sociales, la vie était dure et les gens luttaient farouchement pour s'en sortir. Je crois que l'on est passé de trop peu à trop, tout bêtement.

A douze ans déjà, Eléonore, engagée par une couturière, accompagnait sa patronne à pied ou en carriole, qu'il pleuve, vente ou neige, chez tous les hobereaux ou châtelains pour coudre, rapiécer, ravauder et broder les nappes.

A quatorze ans, sa marraine la fait débuter apprentie cuisinière en maison bourgeoise à Paris. C'est là qu'elle apprendra l'art de la cuisine et de la pâtisserie ; d'abord chez la famille Perreire puis chez les Rothschild. Son premier mari meurt à la guerre en 1915. De retour à Saint-Nicolas, elle rencontre notre Gaston Lenôtre et la cuisinière devient fermière. Elle nous quittera en 1967 à quatre-vingts ans.

En 1933, mon certificat d'études en poche, elle me guide vers la pâtisserie : le destin. Je sais qu'elle est toujours proche aujourd'hui.

Je dirai quelques mots de ma deuxième famille, celle que j'ai choisie et qui constitue l'entreprise Lenôtre, les garçons et les filles qui nous ont fait confiance, à qui j'ai pu insufler ma passion et qui aujourd'hui, par centaines un peu partout en France et dans le monde, avec courage et fierté, transmettent aux plus jeunes une certaine idée de la qualité Lenôtre, une culture d'entreprise, le goût du travail bien fait, le respect de soi-même et des clients qui font de nous ce que nous sommes.

Artois
Ardenne
Picardie
Normandie Île de France Lorraine
Champagne Alsace
Bretagne
Val de Loire
Anjou Sologne
Touraine Bourgogne
Poitou Bourbonnais
Charente Savoie
Limousin Auvergne
Périgord Dauphiné
Quercy
Aquitaine Rouergue
Provence
Pays Basque Languedoc
Pyrénées Roussillon
Corse

gaston

LENÔTRE

LES DESSERTS
DE MON ENFANCE

AVEC LA COLLABORATION DE
DOMINIQUE LIZAMBARD
JOËL BOULAY ET CHRISTOPHE GAUMER
PHOTOGRAPHIES DE
PIERRE HUSSENOT
ASSISTÉ DE MARIANNE PAQUIN

Flammarion

LES DESSERTS
DE MON ENFANCE

Quel est celui d'entre nous pour lequel desserts et gâteaux n'évoquent pas l'enfance ? Dans la ferme normande où je suis né, ma mère faisait des petits sablés avec du sucre, de la farine, de la vanille et la crème que l'on recueillait à la surface des grandes jattes où reposait le lait. Avec les gâteaux de riz et les crèmes caramel, les crêpes furent mes premières pâtisseries, celles qui gardent le goût délicieux de l'enfance.

Mais la tradition qui m'a le plus marqué étant enfant est celle de la batteuse. Aboutissement d'une saison de travaux des champs, la journée de la batteuse comptait plus que Pâques ou que Noël dans la vie de la ferme. La gastronomie y était bien présente, et les repas faits à cette occasion témoignaient de la générosité des agriculteurs. A la ferme de Saint-Nicolas où mes parents étaient installés, entre Bernay et la vallée d'Auge, les desserts étaient variés : pommes au four, tourtières, teurgoules (gâteaux de riz normands traditionnels) et crèmes caramel.

A la moisson, les récoltes de blé, d'orge, d'avoine et de seigle étaient montées en meules coniques de près de quinze mètres de haut. Ces cornes d'abondance larges comme des tours trônaient dans les champs moissonnés, les dernières bottes formant le toit, épis tournés vers le sol pour les protéger de la pluie. Perchés sur leurs échelles, les hommes finissaient le décor en confiant au chef de la moisson le bouquet final et les guirlandes qu'ils plantaient fièrement au faîte de la meule. Mon frère Marcel et moi admirions ces hommes qui n'étaient plus nombreux, dans la commune, à posséder ce savoir-faire.

Les meules étaient disposées en ligne en tenant compte des vents dominants, à distance respectueuse les unes des autres pour éviter

Un pain de Gênes ou un pithiviers dégustés avec
ce Bonnezeaux, "Château de Fesles", un vin
plein de tendresse et de vigueur, c'est le paradis !

l'extension d'un incendie qui aurait pu ruiner une récolte entière. Symboles de l'entraide qui régnait alors, les petites meules de nos voisins étaient dressées près des plus grandes, chacun profitant ainsi de la présence de la batteuse.

Le battage se faisait à cette époque en novembre. Après les nouvelles semailles, les paysans disposaient en effet de plus de temps libre et pouvaient louer la batteuse, qui se déplaçait lentement de ferme en ferme.

C'était un spectacle impressionnant que de voir Marcel et Lucien, nos deux charretiers, menant quatre solides percherons sur les chemins caillouteux pour faire avancer cet engin de plusieurs tonnes sur ses roues de fer. Derrière, deux autres chevaux tiraient la machine à vapeur. Pour les enfants, c'était la fête, car il fallait beaucoup de bras pour servir la batteuse et l'école buissonnière était alors largement tolérée.

Eléonore, ma mère, était organisée, mais elle avait aussi le sens de la fête. Quatre jours à l'avance, elle commençait à préparer les festivités pour les trente personnes qui se relaieraient auprès de la batteuse, exactement comme nous préparons aujourd'hui une réception.

Elle faisait d'abord tuer le cochon et confectionnait avec ses petites servantes, Yvonne, Marie et Mathilde, les saucisses et les boudins farcis d'oignon, les terrines et les pâtés de tête, les jambons à rôtir, les épaules et les jarrets frottés de thym et de laurier, cuits en petit salé. Le plat que je préférais était pourtant les tripes. Les vraies tripes normandes, comme les préparent encore aujourd'hui deux amis de toujours, Suzanne et Albert Caron, bouchers-charcutiers amoureux de leur métier, à Lieurey. Je ne peux résister à l'envie de vous transmettre leur délectable recette :

« Au fond de la tripière de terre, on dispose d'abord les « quilles », qui sont les tibias sciés en deux, puis les quatre pieds fendus. Ensuite, les tripes proprement dites. Il y faut de la panse, du bonnet, du feuillet, de la caillette, du gros boyau. Entre les couches de tripes se trouvent des couches de carottes et d'oignons en rondelles (on garde un oignon entier pour le piquer de quelques clous de girofle).

« Les épices et le bouquet garni vont au centre de la tripière. Il reste à tasser les tripes avant de les recouvrir d'une feuille de chou et de les mouiller de cidre. Le couvercle de terre bien ajusté, scellé de pâte à pain, la tripière va dans le four du boulanger pour douze à treize heures de cuisson... »

Le lendemain, Eléonore préparait poules et poulets, canards gras et lapins nourris d'avoine, d'orge et de luzerne. La cave fraîche commençait à regorger de victuailles comme le garde-manger de Pantagruel.

L'avant-veille était consacrée aux desserts et tout le monde s'activait autour de la cuisinière à bois. La pâte à tarte, étalée sur toute la surface de la plaque, était modelée en tourtière. Sous les doigts experts de ma mère s'alignaient, sur les fonds de tarte largement saupoudrés de sucre, les tranches de pommes, calvilles acidu-

lées et reines des reinettes parfu-mées.

Il fallait ensuite dresser les grandes tables couvertes d'épaisses nappes de lin et emprunter chaises et bancs à l'école ou à l'église. Dès la veille, les compotiers étaient remplis de poires et de pommes choisies sur les claies du fruitier, les grands brocs à cidre déjà disposés sur les tables.

Enfin venait le jour de l'arrivée de la batteuse, dans le grand vacarme des roues en fer et le halètement des chevaux. Sitôt sur place, la machine était soigneusement calée, mise sous pression et essayée. Les commis chargeaient la chaudière, la vapeur fusait, les courroies claquaient : tout était prêt. Hommes et chevaux ren-traient manger et dormir car la jour-née du lendemain serait longue.

Avant l'aube du grand jour, la cuisine était une véritable ruche. Les miches, chaudes et craquantes, et les tourtes de pain brié qui pesaient jusqu'à douze

livres arrivaient de Bernay. Il fallait compter 1 kilogramme et demi de pain par homme et par jour, et mon père, un homme très bon, tenait à ce que l'on ne manque de rien.

Attablés devant les bols de café brûlant, les hommes attaquaient de larges tranches de pain recouvertes de beurre. Le petit salé froid agrémenté de ciboulette et de moutarde accompagnait ensuite l'omelette. On arrosait le tout avec un cidre léger, le « bouché », qui titrait 7°, étant réservé pour le soir...

Au coup de sifflet de la machine, tous se mettaient à leur poste ; les hommes perchés en haut des meules lançaient les gerbes sur le tablier de la batteuse, d'autres les déliaient et étalaient rapidement les épis sur le tapis roulant.

Les grains coulaient d'un seul coup et il fallait un homme solide pour charger, au fur et à mesure qu'ils étaient pleins, les grands sacs de jute marqués au nom de la ferme et les monter au grenier. A l'arrière de la batteuse était projetée la paille, aussitôt rassemblée en gerbes, qui servirait de litière aux animaux pendant l'hiver.

Par un autre orifice de la machine sortait la « menue paille », qui n'était autre que l'enveloppe des grains de

Far breton (voir p. 78).

blé. C'était à notre tour, avec mon frère Marcel, de remplir des sacs que nous chargions fièrement sur notre charrette tirée par notre âne Pompon. Mélangée à de la betterave râpée et à du foin, cette paille constituait la nourriture du bétail en hiver. L'ensilage n'existait en effet pas encore, mais la crème et le beurre n'en étaient que meilleurs. Pas d'engrais chimiques et donc pas de gros rendements, mais que le pain était bon !

Je ne sais si l'économie fera un jour bon ménage avec l'écologie mais, pour l'instant, tout le monde tire à hue et à dia. Pour ma part, j'ai fait depuis ce temps-là le choix de la qualité et je le défendrai toujours. Et si je vous ai raconté l'histoire de la batteuse, qui est aussi celle de mon enfance, c'est que ce combat est le sens de ma vie.

Je rencontre très souvent mes clients dans les moments heureux de leur existence – baptêmes, communions, mariages –, c'est l'un des aspects très agréables de ce métier que de pouvoir marquer les petits et les grands événements de la vie. J'aime ces traditions derrière lesquelles apparaissent en filigrane l'histoire et les coutumes de nos provinces. Que seraient les rois sans galette, Mardi gras sans crêpes ou beignets, le mariage sans un gâteau à la mesure de la cérémonie ?

Ces richesses culinaires de nos terroirs sont inépuisables et ont souvent inspiré les grandes recettes classiques créées par les cuisiniers ou les pâtissiers parisiens.

La pâtisserie française doit beaucoup à Antonin Carême, qui sut lui insuffler une nouvelle vigueur à la fin du XVIIIᵉ siècle.

A Carême succédèrent Jules Gouffé, « l'apôtre de la cuisine décorative », Coquelin et son puits d'amour, Chiboust, installé rue Saint-Honoré, et qui créa le gâteau du même nom, Bourbonneux, Garchi, d'autres encore, qui ont mis au point les pâtisseries classiques que nous connaissons.

Les deux guerres ont malheureusement porté de rudes coups à cet esprit créatif ; l'impossibilité de former des apprentis semblait avoir endormi la transmission du savoir et il fallut attendre le milieu des années 50 pour voir apparaître la pâtisserie d'aujourd'hui, légère et inventive.

J'ai participé à la création de cette nouvelle pâtisserie, mais le temps m'avait manqué pour connaître à fond celle de notre terroir. C'est en recherchant des matières premières de qualité que j'ai eu le plaisir de rencontrer des hommes et des femmes amoureux de leur verger, de leur vin ou de leur cheptel. Ces artisans consciencieux savent qu'on ne fait de vraie cuisine qu'avec des produits authentiques. Le beurre fermier, la crème fraîche crue, les fruits de saison cueillis à maturité, le miel de fleurs sauvages, les épices et les alcools de qualité, les véritables fruits confits sont aussi indispensables que le tour de main pour bien réussir.

Grâce à des hommes comme M. Sender, à qui la France doit une bibliothèque culinaire unique, j'ai aussi pu prendre la mesure du magnifique savoir-faire de nos parents et des richesses de nos provinces.

C'est alors que je me suis aperçu que bien des gâteaux sont méconnus et méritent qu'on les remette au goût du jour : le colombier, qui célèbre la Pentecôte à Marseille, les cannelets girondins, le ruifart du Dauphiné, le pastis quercynois…

Ma madeleine à moi, c'est le mirliton ; mais qui prépare encore ce fond très fin de pâte feuilletée garni d'amandes, de crème, de beurre et de sucre, parfumé à la vanille et à la fleur d'oranger, qui monte comme un soufflé à la cuisson ? Fondant et léger, c'est une merveille de saveur en dépit de sa simplicité ; pourtant cette vieille recette normande est presque partout tombée dans l'oubli, sauf chez Max Duflo à Yvetot.

Heureusement, l'intérêt actuel pour nos traditions, la recherche de la qualité des produits, le souci de l'environnement sont aujourd'hui des signes encourageants pour la renaissance d'une véritable pâtisserie de terroir.

Les recettes familiales sont l'objet même de ce livre, c'est pourquoi vous y trouverez beaucoup de desserts à base de pâte à brioche. La plupart des premières pâtisseries furent en effet réalisées avec de la pâte à pain, peu à peu enrichie de beurre et d'œufs au fur et à mesure que le niveau de vie s'élevait.

Les recettes comportant du chocolat sont rares parce que le chocolat fut pendant très longtemps un produit de luxe, que l'on n'achetait jamais à la campagne.

Enfin, j'ai cru bon d'adapter les desserts que je présente à l'époque contemporaine. Moins sucrées, plus légères, privilégiant la fraîcheur des produits, ces recettes, tout en gardant la saveur de leur terroir, correspondent à un mode de vie différent de celui de nos parents.

« Spécialité de la région » sont des mots que j'aimerais voir plus souvent à la devanture de nos pâtisseries. Si ce livre donne à mes confrères ainsi qu'aux maîtresses de maison l'envie de se plonger dans leur patrimoine culinaire pour le faire revivre avec les exigences d'aujourd'hui, je serai récompensé d'avoir recueilli ces recettes de nos belles provinces de France.

Il ne m'a malheureusement pas été possible de citer ici tous mes confrères de province qui ont remis en vedette les spécialités de leur région. Je pourrai bien sûr le faire dans un prochain volume.

ILE-DE-FRANCE

SAINT-HONORE

POUR 8 PERSONNES

Préparation : 1 h 45
Cuisson : 30 à 35 min

200 g de pâte feuilletée
(recette p. 250)
200 g de pâte à choux
(recette p. 251)

Pour le caramel :
200 g de sucre semoule

Pour la garniture :
800 g de crème pâtissière
(recette p. 253) aromatisée
avec du sucre vanillé

5 blancs d'œufs
100 g de sucre semoule
2 feuilles de gélatine
1 pincée de sel
2 cuill. à café de jus
de citron

Photo page ci-contre

*M*is au point en 1846 par un artisan du nom de Chiboust, le saint-honoré fut sans doute ainsi baptisé en hommage au patron de la corporation des pâtissiers, à moins que ce ne soit une simple évocation de la rue Saint-Honoré, où officiait le créateur de ce classique parisien. Chiboust laissa son nom à la préparation qui garnit son gâteau, subtil mélange de crème pâtissière vanillée et de blanc d'œuf battu très ferme. La crème Chiboust, que l'on appelait alors crème Saint-Honoré, est assez délicate à réaliser et ne se conserve guère. Il faut donc la préparer le jour même. Cela explique que de nombreux pâtissiers garnissent désormais leur Saint-Honoré d'une simple crème Chantilly.

Beurrez et farinez la plaque du four ou recouvrez-la d'un papier siliconé.

Abaissez la pâte feuilletée en un disque de 24 cm de diamètre. Piquez ce disque avec les dents d'une fourchette fine et glissez-le sur la plaque.

Préchauffez le four à 240°C (th. 8).

Préparez la pâte à choux et remplissez-en une poche à douille d'un diamètre de 20 mm. Dressez aussitôt une couronne de cette pâte sur le disque de pâte feuilletée, à 2 ou 3 mm du bord, puis faites un S au milieu de cette couronne. Prenez ensuite une douille plus petite, d'un diamètre de 1 cm, et dressez encore sur la plaque 16 choux de la taille d'une noix.

Faites cuire à four chaud pendant 15 min, puis (surtout sans ouvrir le four pour ne pas faire retomber la pâte) baissez la température à 200°C (th. 6) et laissez cuire encore 15 min. Sortez les choux 5 à 10 min avant la couronne car ils cuisent plus rapidement ou, mieux encore, faites cuire couronne et choux séparément. Laissez refroidir le tout hors du four.

Pendant la cuisson du gâteau, préparez la crème pâtissière vanillée. Réservez-en 600 g pour confectionner la crème Chiboust et avec le reste garnissez les choux dès qu'ils sont refroidis.

Faites ensuite cuire 200 g de sucre dans une petite casserole avec 4 cuillerées à soupe d'eau. Laissez-le blondir pour obtenir un caramel léger, puis arrêtez la cuisson en posant le fond de la casserole 5 s dans un saladier d'eau froide. Hors du feu, trempez les choux dans le caramel et posez le côté caramélisé sur une plaque beurrée pour qu'en refroidissant le glaçage devienne bien lisse. Enfin, répartissez les choux sur le tour de la couronne en les fixant avec un peu de caramel encore liquide.

Mettez les feuilles de gélatine à tremper 10 min dans un bol d'eau froide puis égouttez-les. Faites-les fondre dans la crème pâtissière et gardez celle-ci très chaude et couverte pendant le reste de la préparation.

Mettez alors 100 g de sucre dans une petite casserole avec 2 cuillerées à soupe d'eau et portez à ébullition. Dès que les premiers bouillons apparaissent, commencez à fouetter les blancs avec la pincée de sel, les 2 cuillerées à café de jus de citron pour les monter en neige ferme. Il faut absolument réaliser les deux opérations très exactement en même temps.

Lorsqu'ils moussent, saupoudrez les blancs d'une cuillerée à café de sucre. Baissez l'intensité du feu sous la casserole pour éviter que le sucre ne caramélise.

Au bout de 5 min environ, les

blancs sont fermes et la cuisson du sucre au boulé doit être terminée. Pour vous en assurer, prenez-en une goutte avec une cuillère et faites-la tomber dans un bol d'eau glacée : elle doit former une boule.

En continuant à fouetter les blancs, versez alors le sucre cuit dans le bol en le faisant glisser le long de la paroi. Dès que l'ensemble est bien homogène, prenez quelques cuillerées de blancs fermes et mélangez-les rapidement à la crème pâtissière bouillante. Incorporez ensuite délicatement le reste des blancs sans travailler trop longtemps le mélange.

Garnissez aussitôt votre gâteau avec une poche à douille d'un diamètre de 20 mm pour ne pas écraser la crème Chiboust. Décorez le centre du saint-honoré en lui donnant l'aspect d'un léger dôme.

Gardez au réfrigérateur jusqu'au moment de servir.

Le saint-honoré peut aussi être garni d'une crème Chantilly peu sucrée.

BISCUIT PARISIEN

POUR 6 À 8 PERSONNES

Préparation : 1 h 30
Cuisson du biscuit : 35 min

Pour le biscuit :
3 œufs
95 g de sucre semoule
30 g de farine
30 g de fécule ou
de Maïzena
1 zeste de citron
15 g de sucre vanillé

Pour la crème pâtissière
(recette p. 253) :
4 dl de lait
3 jaunes d'œufs
80 g de sucre semoule
15 g de farine
15 g de Maïzena
2 cl de rhum
80 g de poudre d'amandes

Pour la meringue :
3 blancs d'œufs
150 g de semoule
4 cl d'eau
1 cuill. à café de jus
de citron
1 pincée de sel

Pour la garniture :
120 g de fruits confits
1 cl de rhum
Sucre glace

*L*e biscuit était à l'origine un pain cuit deux fois, ce qui lui assurait une plus longue conservation. Il avait alors l'apparence d'une galette dense et sèche. Ainsi figura-t-il longtemps au menu des marins et des militaires qui le dénommèrent « pain de guerre ».
Cette galette rustique s'allégea peu à peu pour devenir « biscuit de voyage ». Enrichi de sucre, d'œufs et de beurre, le beauvilliers, créé par un apprenti du grand restaurateur du Palais-Royal, fut sans doute le premier de ces gâteaux de voyage, que l'on conservait enveloppés dans du papier d'étain. Avec les biscuits de Savoie et de Reims, le biscuit mousseline et ce biscuit parisien aux amandes et à la meringue, nous voilà bien loin du pain de guerre...

Commencez par la préparation du biscuit. Beurrez et farinez un moule à manqué de 22 cm de diamètre et séparez les blancs des jaunes d'œufs. Préchauffez le four à 230°C (th. 7/8).

Fouettez dans un bol les jaunes avec le zeste de citron haché et 80 g de sucre, à vitesse moyenne, jusqu'à ce que le mélange forme ruban sur une spatule, au bout de 5 min environ. Ajoutez la farine et la Maïzena.

Montez les blancs d'abord à vitesse moyenne, puis plus vite, en les saupoudrant à mi-parcours avec le reste du sucre. Incorporez-les alors délicatement au premier mélange, en soulevant bien la masse et en évitant de remuer trop longtemps pour qu'ils ne retombent pas.

Versez la pâte dans le moule. Enfournez et baissez aussitôt le four à 180°C (th. 5). Faites cuire pendant 35 min, démoulez chaud et laissez refroidir.

Pendant ce temps, préparez la crème pâtissière. Versez-la encore chaude dans un saladier puis, lorsqu'elle est tiède, ajoutez les 2 cl de rhum mélangés à la poudre d'amandes sans trop remuer. Laissez refroidir.

Faites macérer les fruits confits dans 1 cl de rhum pendant le reste de la préparation.

Confectionnez enfin la meringue italienne (recette p. 159). Si cela vous paraît trop délicat, vous pouvez la remplacer par une meringue française – recette p. 144 – plus simple à réaliser.

Mouillez le sucre avec l'eau et mettez-le à cuire. Dès le début de l'ébullition, montez les blancs en neige ferme avec une pincée de sel et la cuillerée à café de jus de citron : cette opération demande à peu près le même temps que la cuisson du sucre.

Au bout de 5 min environ, le sucre doit être cuit au boulé. Pour vous en assurer, trempez une cuillère dans le sucre en ébullition et faites tomber une goutte dans un bol d'eau froide : elle doit former une boule. Versez-le alors sur les blancs d'œufs en le faisant glisser le long de la paroi du récipient et en continuant à battre à petite vitesse jusqu'à refroidissement.

Coupez le biscuit horizontalement en 3 disques de même épaisseur. Garnissez le disque du dessous avec la moitié de la crème pâtissière aux amandes et avec des fruits confits, posez le second, répartissez le reste de la garniture et terminez en couvrant avec le troisième disque.

Préchauffez le four à 240°C (th. 8).

Masquez le gâteau de meringue avec une spatule et décorez à votre goût, à l'aide d'une poche à douille cannelée. Saupoudrez de sucre glace, parsemez avec quelques amandes effilées, puis saupoudrez à nouveau. Passez au four quelques minutes : sortez le gâteau dès que la meringue est bien dorée et laissez-le refroidir.

PARIS-BREST

Baptiser un gâteau du nom d'une épreuve sportive n'est guère courant. Nous sommes en 1891 et le Tour de France n'a que quelques années, mais les grandes courses cyclistes sur route suscitent la ferveur du public. Un pâtissier de la banlieue parisienne, voyant passer devant son magasin les coureurs du Paris-Brest, confectionne de grands éclairs en forme de roues de bicyclette et les fourre de crème pralinée : le Paris-Brest est né. Il sera accompagné un peu plus tard par une variante sans amandes, garnie de crème Chiboust et baptisée... Paris-Nice !

Préchauffez le four à 240°C (th. 8).

Beurrez la plaque ou recouvrez-la d'un papier siliconé. Tracez sur ce papier un cercle de 20 cm de diamètre qui vous servira de guide.

Faites la pâte à choux et remplissez-en une poche à douille de 1 cm de diamètre. Dressez 3 couronnes de pâte : une première en suivant les contours du cercle, une deuxième collée contre la première à l'intérieur, puis une troisième à cheval sur les deux autres.

Dorez les couronnes à l'œuf et parsemez-les d'amandes.

Mettez-les à cuire 30 min en maintenant le four légèrement entrouvert à l'aide d'une cuillère en bois. Lorsque la pâte est bien montée (au bout de 15 min environ), baissez la température à 220°C (th. 7) en évitant de modifier l'ouverture du four.

Faites refroidir hors du four puis coupez le gâteau dans l'épaisseur à la base de la couronne supérieure.

Préparez la garniture. Emulsionnez le beurre que vous aurez réduit en pommade en le tapant avec la paume de la main.

POUR 6 PERSONNES

Préparation : 40 min
Cuisson : 30 min

180 g de pâte à choux assez ferme (recette p. 251)
50 g d'amandes hachées ou effilées
1 jaune d'œuf pour la dorure
Sucre glace

Pour la garniture :
250 g de crème pâtissière (recette p. 253)

80 g de praline en poudre ou en pâte
160 g de beurre en pommade ferme

1 cuill. à café de rhum ou de café soluble (facultatif)

Photo pages suivantes

Fouettez-le avec le praliné, puis ajoutez la crème pâtissière lisse et froide en plusieurs fois. Fouettez lentement pendant 2 min pour alléger le mélange. Ajoutez éventuellement le rhum ou le café.

Mettez la crème Paris-Brest dans une poche à douille cannelée de 2 cm de diamètre. Garnissez la partie inférieure du gâteau avec cette crème, puis décorez le pourtour de petites flammes ou de rosaces.

Placez le couvercle des couronnes sur la crème, saupoudrez de sucre glace et tenez au frais jusqu'au moment de servir.

PUITS D'AMOUR

*A*u XIXe siècle, tout est prétexte à baptiser une création culinaire. Pâtissiers et cuisiniers donnent à leurs recettes les noms des personnages en vue ou des succès de l'époque. La mode est à l'amitié franco-russe ? La charlotte à la parisienne devient charlotte à la russe. Au Carlton, Escoffier sert les pêches Melba qu'il a créées à Londres en l'honneur d'une cantatrice et, à Paris, la première de *Thermidor* donne naissance au homard du même nom, apprêté pour Victorien Sardou, l'auteur de la pièce. En 1843, l'opéra comique *Le Puits d'amour* est un succès : il n'en faut pas plus pour qu'apparaisse ce petit vol-au-vent, confectionné à l'origine uniquement en feuilletage, garni de crème pâtissière et caramélisé au fer.

Préparez tout d'abord la pâte à choux. Ensuite, abaissez la pâte feuilletée à 2 mm. Laissez-la reposer quelques instants, puis découpez une dizaine de cercles de 7 cm de diamètre. Piquez ces cercles avec une fourchette et posez-les sur la plaque du four légèrement humide ou recouverte de papier siliconé.

Mettez la pâte à choux dans une poche à douille de 5 mm de diamètre. Dressez aussitôt, sur chaque disque de feuilletage, une couronne de pâte à choux à 2 mm du bord. Puis, directement sur la plaque et toujours avec la même poche à douille, faites une vingtaine de cercles de pâte à choux de 6 cm de diamètre et dorez-les à l'œuf. Faites cuire 10 min à 210°C (th. 6) les simples cercles de pâte à choux et 15 min ceux qui sont posés sur les disques de feuilletage.

Préparez un caramel en faisant cuire 100 g de sucre avec 2 cuillerées à soupe d'eau. Sur chaque fond, collez 2 cercles de pâte à choux après les avoir rapidement trempés dans le caramel encore liquide, de manière à donner à chaque gâteau la forme d'un petit puits. Vous pouvez d'ailleurs, au moment de servir, poser sur le puits une petite anse réalisée avec un 1/2 cercle de pâte à choux.

Garnissez les puits de crème pâtissière à raison d'environ 50 g par gâteau. Confectionnez des disques de papier d'aluminium avec un trou ne laissant apparaître que la crème pâtissière et saupoudrez de sucre semoule. Il importe en effet que la pâte ne soit pas couverte de sucre car elle brûlerait sous le gril.

Passez 30 s au gril pour dorer la surface de la crème en surveillant attentivement la coloration.

POUR 10 PIÈCES

Préparation : 40 min
Cuisson des fonds :
10 à 15 min

200 g de pâte à choux
(recette p. 251)
150 g de pâte feuilletée
(recette p. 250)
500 g de crème pâtissière
(recette p. 253)
200 g de sucre semoule

Photo page ci-contre

PONT-NEUF

POUR 10 PIÈCES

Préparation : 45 min
Temps de repos : 1 h à 1 h 30
Cuisson : 25 à 35 min

300 g de pâte brisée
(recette p. 251) ou de pâte
feuilletée (recette p. 250)

100 g de gelée de groseilles
Sucre glace
1 œuf pour la dorure

Pour la garniture :
200 g de crème pâtissière
(recette p. 253)
200 g de pâte à choux
(recette p. 251)

25 g de macarons
1 cuill. à soupe de rhum

*L*es pâtisseries n'ont pas toujours été synonymes de douceurs, car le sucre fut longtemps un produit rare et cher. Ainsi certains de nos desserts d'aujourd'hui étaient-ils à l'origine des pâtisseries salées, comme les talmouses, ancêtres des pont-neuf.
Cette très ancienne recette, mentionnée dans le *Viandier de Taillevent* dès le XIVe siècle, consistait en un carré de pâte garni de fromage blanc, dont les quatre coins étaient relevés et réunis avant la cuisson. Plus tard, la talmouse fut garnie de béchamel enrichie de jaunes d'œufs et de fromage, avant de devenir le gâteau sucré nommé « talmouse pont-neuf », peut-être parce qu'on en vendait sur le Pont-Neuf.
Le pont-neuf est garni de crème pâtissière ou de crème frangipane, glacé à la gelée de fruits rouges ou décoré d'amandes effilées.

Beurrez légèrement des moules à tartelettes à bords assez hauts. Préchauffez le four à 220°C (th. 7).
Abaissez votre pâte brisée à 3 mm d'épaisseur, à 2 mm seulement si vous choisissez d'utiliser de la pâte feuilletée. Découpez 10 disques d'un diamètre légèrement supérieur à celui des moules. Réservez les restes de pâte.
Foncez les moules en laissant dépasser une petite crête de pâte de 3 mm au-dessus du bord, comme vous le feriez pour confectionner une tartelette.
Piquez le fond des tartes avec les dents d'une fourchette et laissez reposer au frais 1 h à 1 h 30.
Pendant ce temps, préparez la garniture. Ecrasez les macarons. Ensuite, mélangez soigneusement les ingrédients (crème pâtissière, pâte à choux, macarons, rhum) et emplissez les moules (environ 40 g de garniture par tartelette) à l'aide

d'une poche à douille de 12 mm de diamètre.
Abaissez le reste de pâte à 1 mm et découpez 20 bandelettes de 2 mm de largeur. Disposez-les en croix sur chaque gâteau.
Dorez l'ensemble à l'œuf et faites cuire 25 à 35 min. Laissez refroidir sur une grille.
Faites fondre la gelée de groseille à feu doux.
Découpez dans un carton un disque de diamètre légèrement supérieur à celui des tartelettes qui vous servira de pochoir. Divisez-le en 4 quartiers égaux et découpez 2 quartiers opposés l'un à l'autre. Posez-le sur le gâteau et saupoudrez de sucre glace puis retirez-le.
A l'aide d'un pinceau, nappez les 2 quartiers restants de gelée de groseille.
Ces petits gâteaux peuvent être moulés la veille et gardés au réfrigérateur avant cuisson.

MOUSSE FONTAINEBLEAU

Produit du terroir de l'Ile-de-France, le fontainebleau, délicat fromage frais enrichi de crème fraîche, ne se déguste que sucré, accompagné de fruits frais, confits ou en coulis, à l'instar des crémets d'Anjou ou de Vendée.

Le fontainebleau de bonne qualité, qui contient au moins 40 % de matière grasse (jusqu'à 70 % en version « triple crème »), est un caillé non salé coagulé lentement et longuement égoutté.

Ce fromage lisse n'est pas présenté en faisselle, mais dans une mousseline.

Faites tremper les feuilles de gélatine dans un bol d'eau froide.

Dans un récipient bien froid, fouettez la crème fleurette, d'abord à vitesse moyenne, puis plus rapidement. Arrêtez dès qu'elle épaissit et gardez-la au frais.

Egouttez la gélatine. Faites-la fondre dans un bain-marie pas trop chaud (40°C), puis délayez-la avec le quart du fontainebleau ou du fromage blanc, toujours au bain-marie, et en battant avec un fouet pour obtenir une masse bien lisse.

Mélangez le reste du fromage avec le sucre et les fruits confits en remuant avec une spatule. Ajoutez alors à ce mélange l'appareil constitué de fontainebleau ou de fromage blanc et de gélatine, en fouettant vivement.

Incorporez enfin délicatement la crème fouettée. Procédez en 2 ou 3 fois, en soulevant bien la masse à l'aide d'une spatule en bois, pour lui conserver sa légèreté. Versez dans une coupe et faites prendre au réfrigérateur, pendant 30 min à 1 h.

Au moment de servir, décorez de fruits frais, coupés en tranches fines et disposés en couronne.

POUR 6 PERSONNES

Préparation : 20 min
Temps de prise : 30 min à 1 h

500 g de fontainebleau ou,
à défaut, de fromage blanc
à 40 % de matière grasse
500 g de crème fleurette
115 g de sucre en poudre
70 g de fruits confits
5 g de sucre vanillé
5 feuilles de gélatine

Pour la garniture :
Fruits frais de saison
(prunes, abricots, fraises,
fraises des bois, framboises)

MILLEFEUILLE

Connue des Grecs et des Arabes qui la préparaient à l'huile, la pâte feuilletée fut rapportée en Occident par les croisés, et les célèbres talmouses de Saint-Denis furent sans doute les premiers gâteaux confectionnés en feuilletage.

Quelques siècles plus tard, le peintre et ancien pâtissier Claude Gellée (dit le Lorrain) disputera pourtant la paternité du feuilletage au pâtissier du prince de Condé. Redécouverte à partir du XVIIᵉ siècle, la pâte feuilletée fut alors perfectionnée et de plus en plus employée. Au début du XIXᵉ siècle, le grand Carême créa le vol-au-vent et le millefeuille, qui doivent leur remarquable légèreté à une cuisson sans garniture.

Partagez la pâte feuilletée en 3 parts égales.

Abaissez-les sur 2 mm d'épaisseur et découpez dans chaque abaisse un rectangle de 20 cm de largeur et 30 cm de longeur. Pendant que vous l'étalez, soulevez la pâte à plusieurs reprises et laissez-la retomber sur le plan de travail : vous éviterez ainsi le rétrécissement du feuilletage à la cuisson.

Pliez les abaisses après les avoir légèrement poudrées de farine et laissez-les reposer au frais 1 ou 2 h.

Préchauffez le four à 220°C (th. 7).

Humectez légèrement la plaque ou recouvrez-la d'un papier sulfurisé. Déposez une abaisse, dépliez-la et piquez-la abondamment avec une fourchette. Faites cuire 20 min. Puis procédez de la même façon pour les 2 autres abaisses.

Pendant ce temps, préparez la garniture. Faites la crème pâtissière et laissez-la bien refroidir. Montez en chantilly la crème fleurette au fouet ou au batteur, sans la sucrer, et incorporez-la délicatement à la crème pâtissière.

Lorsque les rectangles de feuilletage sont bien refroidis, réservez le plus beau d'entre eux pour recouvrir le gâteau et saupoudrez-le de sucre glace. Décorez-le de croisillons de gelée de groseille à l'aide d'une poche à douille très fine d'un diamètre de 3 à 5 mm.

Enfin, formez le millefeuille en intercalant les rectangles de pâte et la garniture : étalez la moitié du mélange sur le premier, posez le deuxième, étalez l'autre moitié de crème et finissez en posant le couvercle décoré.

Gardez au frais jusqu'au moment de servir.

Le feuilletage ramollit au contact de la crème pâtissière : il est donc préférable de ne préparer le millefeuille que 2 à 3 h avant de le servir.

POUR 6 PERSONNES

Préparation : 40 min
Temps de repos : 1 à 2 h
Cuisson : 20 min

650 g de pâte feuilletée
(recette p. 250)
50 g de sucre glace
Gelée de groseille

Pour la garniture :
500 g de crème pâtissière
à la vanille (recette p. 253)

100 g de crème fleurette

POIRES BOURDALOUE

Les poires Bourdaloue ou à la Bourdaloue n'ont pas été baptisées ainsi en l'honneur du célèbre prédicateur, mais elles doivent leur nom, plus prosaïquement, au pâtissier parisien de la Belle Epoque qui les inventa, monsieur Fasquenelle, installé rue Bourdaloue. A l'origine, cet entremets de poires fut préparé avec de la semoule, puis avec de la crème pâtissière. La crème frangipane n'est apparue qu'ensuite.
Les poires à la Bourdaloue ont donné naissance à la tarte du même nom, réalisée de manière identique sur un fond de pâte brisée. On prépare également les abricots, les pêches et les ananas à la Bourdaloue.

Beurrez un plat allant au four. Laissez figer le beurre et saupoudrez-le de farine.

Dans un petit saladier, travaillez le beurre au batteur pour lui donner une consistance de pommade. Ajoutez la poudre d'amandes, le sucre en poudre et les œufs en continuant de battre à vitesse moyenne. La pâte doit devenir lisse et légère. Mélangez à la fin la Maïzena et le rhum, puis incorporez la crème pâtissière froide et lisse, par petites fractions, sans jamais cesser de remuer.

POUR 8 PERSONNES

Préparation : 20 min
Cuisson : 40 min

350 g de pâte brisée
(recette p. 251)
4 grosses poires pochées
au sirop
15 g de sucre vergeoise
15 g de macarons écrasés
Sucre glace

Pour la frangipane :
125 g de sucre en poudre
125 g d'amandes en poudre
100 g de beurre
270 g de crème pâtissière
(recette p. 253)
2 œufs
1 cuill. à soupe de Maïzena
1 cuill. à soupe de rhum

Photo page ci-contre

Préchauffez le four à 240°C (th. 8).

Abaissez la pâte brisée et foncez le moule. Etalez les 2/3 de ce mélange dans le plat, disposez les demi-poires en étoile puis recouvrez-les du reste de crème. Saupoudrez avec les macarons écrasés et le sucre vergeoise.

Enfournez et baissez aussitôt la température du four à 200°C (th 6). Faites cuire 35 min.

En fin de cuisson, saupoudrez de sucre glace et passez au gril pendant 1 min.

Laissez refroidir avant de servir.

PROFITEROLES

POUR 8 PERSONNES

Préparation : 30 min
Cuisson : 20 à 25 min

400 g de pâte à choux
(recette p. 251)
3/4 de l de glace d'un
parfum au choix : vanille,
pistache, praliné...
100 g d'amandes effilées
ou d'amandes hachées
pour le décor

Pour la sauce :
2 dl de lait
180 g de sucre semoule
80 g de cacao en poudre ou
de chocolat amer
100 g de crème fraîche
30 g de beurre

Photo page ci-contre

Ce mot, qui date du XVIe siècle, désigna d'abord de petits profits. On l'utilisa ensuite pour qualifier une pâte qui « profite », c'est-à-dire qui enfle en cuisant. Les profiteroles furent salées avant de devenir des desserts et de former les éléments de base de pâtisseries prestigieuses comme les croquembouches. Au siècle dernier, on préparait ainsi des profiteroles de potage, choux que l'on jetait dans la soupière au moment de servir. Les gougères, petits choux au fromage que les Bourguignons dégustent volontiers à l'heure de l'apéritif, en sont une variante actuelle. Les profiteroles sucrées furent d'abord garnies de chantilly vanillée et nappées de sauce froide, au café ou au chocolat. L'alliance raffinée de la glace et de la sauce chaude est une trouvaille récente.

Préparez votre pâte à choux puis, avec une poche à douille à embout lisse d'un diamètre de 1 cm, dressez une quarantaine de noix de pâte sur la plaque beurrée du four.

Faites cuire 20 à 25 min à 200°C (th. 6). Les choux doivent être dorés et gonflés. Laissez-les tiédir hors du four puis fendez-les sur le côté.

Pendant que les choux finissent de refroidir, préparez la sauce. Tamisez le cacao dans un petit saladier. Mélangez le lait et le sucre à la spatule dans une casserole et faites bouillir. Versez le lait sucré en le fouettant sur le cacao puis remettez sur le feu en continuant de battre. Ajoutez la crème, portez à nouveau à ébullition puis arrêtez la cuisson et incorporez le beurre.

Au moment de servir, garnissez les choux de glace. Répartissez-les dans des coupelles individuelles ou des assiettes à dessert. Nappez-les de sauce bouillante, parsemez d'amandes effilées grillées ou d'amandes hachées et servez aussitôt.

Artois, Picardie, Champagne-Ardennes

Macarons d'Amiens

POUR 40 PIECES ENVIRON

Préparation : 15 min
Cuisson : 20 à 25 min

250 g de poudre d'amandes
225 g de sucre glace
25 g de sucre vanillé
3 blancs d'œufs (100 à 110 g)
35 g de marmelade
d'abricots ou de
compote de pommes

Photo page ci-contre

Les macarons étaient déjà réputés en Italie quand Catherine de Médicis les fit découvrir à la France. Ces petits gâteaux délicats (l'italien *maccherrone* signifie littéralement « pâte fine ») furent immédiatement adoptés par de nombreuses villes françaises, qui en firent leur spécialité.

Parmi les plus connus on trouve les macarons de Nancy, fabriqués par les carmélites, ceux de Saint-Emilion, très légers, les « macarons mous » de Paris, ceux de Niort à l'angélique et ceux de Bordeaux au chocolat. Mais on a fait ici ou là des macarons aux pignons, aux noisettes, au citron, aux framboises.

Les recettes anciennes utilisent en général les blancs d'œufs non battus, ce qui donne des gâteaux moelleux et plus lourds, mais tout aussi savoureux, comme ces macarons d'Amiens dont la recette remonte à la fin du XVIIIe siècle.

Dans un saladier, mélangez la poudre d'amandes avec le sucre glace et le sucre vanillé. Ajoutez progressivement les blancs d'œufs non battus en remuant à la spatule, puis incorporez la marmelade ou la compote. Travaillez quelques instants seulement (1 à 2 min).

Préchauffez le four à 160°C (th. 4).

Garnissez la plaque du four d'un papier sulfurisé. A l'aide d'une cuillère ou d'une grosse poche à douille de 10 à 12 mm de diamètre, déposez sur la plaque des petites masses de pâte en les espaçant suffisamment pour qu'elles ne collent pas en cuisant.

Humidifiez-les légèrement avec un pinceau trempé dans l'eau et essoré.

Faites cuire 20 à 25 min en doublant les plaques de cuisson pour éviter un coup de chaleur par-dessous. Laissez refroidir, puis détachez les macarons du papier sulfurisé.

Vous pouvez congeler ces macarons en les laissant sur la feuille de papier et en les plaçant dans une boîte hermétique.

Tarte au Sucre

Comme les Alsaciens et les Lorrains, les gens du Nord apprécient les tartes. Tartes au sucre, à la crème, aux pruneaux ou à la rhubarbe...

La tarte au sucre, ou plus exactement à la cassonade, est la plus populaire de toutes. Elle se déguste au petit déjeuner comme au dessert, ou même en dehors des repas, avec une tasse de café.

POUR 8 PERSONNES

Préparation : 20 min
Temps de repos : 2 h
Cuisson : 35 min

250 g de farine
175 g de beurre
250 g de crème fraîche
épaisse
150 g de cassonade
20 g de sucre en poudre
2 œufs
10 g de levure de boulanger
1 pincée de sel
1 œuf pour la dorure

Dans les Ardennes, on la confectionnait naguère avec du saindoux, par mesure d'économie, mais aussi pour obtenir une pâte plus croquante. On l'appelait alors « galette à coup de poing » car un coup de poing au centre du gâteau était la manière la plus efficace de la partager !

Faites fondre 125 g de beurre puis laissez-le refroidir.

Délayer la levure avec une cuillerée à soupe d'eau tiède.

Disposez la farine tamisée en fontaine, avec le sel, sur le plan de travail. Mettez au centre les œufs entiers puis le beurre fondu et la levure. Mélangez le tout et travaillez la pâte à la main ou au mélangeur jusqu'à ce qu'elle devienne bien homogène. Mettez-la en boule, enveloppez-la dans un linge fariné et laissez-la reposer 1 h ou faites-la gonfler en terrine couverte.

Recouvrez la plaque du four de papier sulfurisé. Etalez la pâte en la farinant légèrement et en lui donnant une forme arrondie d'environ 23 cm de diamètre. Dorez à l'œuf la galette ainsi obtenue puis laissez-la doubler de volume à température ambiante pendant 1 h environ.

Saupoudrez avec la cassonade, répartissez le reste de beurre en petites noisettes et faites cuire 30 min à four moyen (th. 5/6).

Sortez la tarte du four et nappez-la de crème.

Remettez à cuire pendant 5 à 6 min. Servez tiède.

GAUFRES

POUR 6 A 8 PERSONNES

Préparation : 15 min
Cuisson : 4 à 5 min
par gaufre

Pour la pâte à choux :
35 cl de lait
100 g de beurre
250 g de farine
8 œufs
1 pincée de sel

25 cl de lait
250 g de crème fleurette
Sucre glace

Photo page ci-contre

Les Grecs faisaient cuire entre des plaques de métal chaudes des gâteaux très plats qu'ils appelaient *obelios*. Ce mode de cuisson resta en usage au Moyen Age, où les « obleyeurs » fabriquaient leurs oublies, plates ou roulées en cornet. Un jour, un artisan eut l'idée de faire des plaques de cuisson reproduisant le motif d'un rayon de miel : la gaufre était née, qui prenait le nom du dessin caractéristique des alvéoles.
Mets rituel du carnaval, les gaufres sont restées très populaires dans tout le nord de la France. Richement préparées avec beaucoup de beurre et de crème fraîche, on les vend encore couramment dans la rue. Elles sont de toutes les kermesses et fêtes populaires, et participent naturellement aux événements de la vie familiale. Les gaufriers s'ornant d'une variété de motifs infinie, on peut choisir le décor en fonction de l'événement à fêter.

Préparez la pâte à choux. Versez 35 cl de lait dans une casserole, avec le beurre et le sel. Portez à ébullition puis retirez la casserole du feu et ajoutez la farine, en mélangeant d'abord avec un fouet, ensuite à la spatule.

Remettez sur le feu quelques secondes seulement en continuant de remuer, simplement pour dessécher la pâte.

Travaillez ensuite cette pâte dans un bol mélangeur avec la pale, à vitesse lente, en ajoutant les œufs un

par un. Puis, toujours lentement, mais en remplaçant la pale par le fouet, incorporez le lait et la crème fleurette en 2 ou 3 fois. Vous devez obtenir un mélange fluide et lisse.

Faites chauffer le gaufrier, ouvrez-le et beurrez-le légèrement à l'aide d'un tampon ou d'un tissu fin imprégné de beurre.

Versez avec une petite louche suffisamment de pâte pour remplir une moitié du moule. Fermez et faites cuire les gaufres environ 2 min de chaque côté.

Servez-les encore chaudes, saupoudrées de sucre glace ou accompagnées de gelée de pomme, de coing ou de framboise.

Cœurs de Sainte-Catherine

Fiançailles et mariages ont toujours été d'excellentes occasions pour offrir ou déguster des gâteaux adaptés à la circonstance. Ainsi, dans le Nord, surtout dans l'Amiénois, il était d'usage que le prétendant d'une jeune fille vienne entamer le « cuignet de Noël », un gâteau allongé de pâte levée, chez ses futurs beaux-parents. En emportant l'entame chez lui, il prouvait à sa famille les talents de cuisinière de sa future épouse...
Mais les célibataires n'étaient pas oubliés pour autant, pour preuve ces charmantes pâtisseries en forme de cœur qu'on offrait en Picardie, le 25 novembre, aux jeunes filles coiffant la Sainte-Catherine. Une coutume unique en France, semble-t-il.

Laissez ramollir le beurre à température ambiante puis mettez-le dans un saladier avec le sel et, à l'aide d'une spatule, travaillez-le jusqu'à lui donner la consistance d'une pommade. Ajoutez alors le sucre et les œufs, un par un, en continuant de remuer. Tamisez la farine avec la levure, versez-la dans le mélange et travaillez encore énergiquement mais rapidement pour obtenir une pâte légère.

Terminez en incorporant les fruits confits, la cannelle et l'eau de fleur d'oranger.

Beurrez un moule en forme de cœur ou un moule rond : vous donnerez sa forme au gâteau en le découpant après cuisson.

Préchauffez le four à 170°C (th. 5).

Versez la pâte dans le moule et enfournez pendant 10 min, puis augmentez la température à 200°C (th. 6) et laissez cuire encore 35 à 40 min.

Démoulez à la sortie du four et laissez refroidir sur une grille. S'il est rond, découpez alors le gâteau en forme de cœur. Saupoudrez-le de sucre glace.

En diminuant le temps de cuisson (10 à 15 min de moins), vous pouvez réaliser des petits gâteaux individuels au lieu d'un grand.

POUR 6 PERSONNES

Préparation : 30 min
Cuisson : 55 à 60 min

250 g de farine
175 g de beurre
125 g de sucre
3 œufs
80 g de fruits confits
7 g de levure chimique
4 cl d'eau de fleur d'oranger
1 pincée de sel
1 cuill. à café rase
de cannelle
Sucre glace

Photo page ci-contre

CRAMIQUE

POUR 2 GATEAUX

Préparation : 20 min
Temps de repos : 3 à 4 h
Cuisson : 30 à 35 min

525 g de farine
12 g de levure de boulanger
5 cl de lait
15 cl d'eau
250 g de raisins de Corinthe
40 g de sucre
35 g de beurre
9 g de sel (1 petite
cuill. à soupe)
3 œufs
1 œuf pour la dorure

Photo page ci-contre

Cramique, couque ou couke, ce pain brioché aux raisins de Corinthe est d'origine flamande. *Koek* signifie en effet gâteau en flamand. Un peu moins beurrée que le cramique d'aujourd'hui, la couque était autrefois extraordinairement riche en jaunes d'œufs : elle en comptait 16 pour 600 g de farine...
A Dunkerque, on fait toujours de petites couques nommées *koeck-botteram*, littéralement « gâteau de beurre ». L'emploi de raisins secs de bonne qualité est indispensable pour faire un bon cramique. Les véritables raisins de Corinthe, de couleur sombre, dépourvus de pépins et très sucrés, sont ceux qui conviennent le mieux.

La veille de préférence, faites gonfler les raisins une dizaine de minutes dans de l'eau bouillante, hors du feu, avant de les égoutter.

Laissez le beurre à température ambiante pour qu'il ramollisse.

Délayez la levure dans le lait tiède, versez dans un bol mélangeur puis ajoutez la farine, le sucre, le sel dilué dans l'eau et 2 œufs. Pétrissez d'abord lentement 2 à 3 min pour donner de la consistance à la pâte. Ajoutez le dernier œuf en pétrissant encore pendant 2 à 3 min puis incorporez le beurre fractionné en petits morceaux. Pétrissez une dizaine de minutes à vitesse plus rapide et mélangez les raisins en remuant 1 à 2 min.

Versez la pâte dans un grand saladier et laissez-la pousser 1 h 45 à température ambiante.

Rompez-la 2 fois à la main et séparez-la en 2 sur le plan de travail légèrement fariné. Roulez chaque part en lui donnant la forme d'un pain de la longueur du moule à cramique ou à cake.

Beurrez 2 moules à cake de 20 cm de long environ, ou mieux encore, si vous en avez, des moules en terre cuite destinés spécialement à la cuisson du cramique. Posez dans chacun un pain de pâte, dorez le dessus à l'œuf, puis laissez la pâte doubler de volume à chaleur ambiante pendant 1 h 30 à 2 h (elle doit pratiquement remplir le moule).

Préchauffez le four à 200°C (th. 6) et mettez à cuire pendant 30 à 35 min.

Ce gâteau se conserve aisément au frais dans du papier d'aluminium et peut également être congelé (refroidi) dans un film de plastique. Il est excellent au petit déjeuner, en tranches toastées et garnies de beurre salé ou de miel.

POIRES A LA CHAMPENOISE

Charlottes, soufflés, mousses : les poires ont donné naissance à toutes sortes d'entremets raffinés, comme cette version champenoise de la tarte aux poires à la Bourdaloue. En réalité, nombre de préparations dites « à la champenoise » doivent leur nom au fait qu'elles sont réalisées avec du Champagne, plus qu'à

POUR 6 TARTELETTES

Préparation : 20 min
Temps de repos : 30 min
Cuisson : 20 à 25 min

4 belles poires (doyennés du
comice, williams)
180 g de pâte feuilletée
(recette p. 250)
200 g de sucre semoule
90 g de crème d'amandes
(recette p. 253)
1/2 bouteille de
Champagne brut
1 œuf pour la dorure
Le jus d'1/2 orange

une tradition régionale. Avec ces poires à la crème d'amandes, je recommande de déguster un Champagne demi-sec, vin de dessert autrefois beaucoup plus en vogue que le Champagne brut, mais un peu passé de mode aujourd'hui, peut-être à tort.

Abaissez la pâte feuilletée à 3 mm d'épaisseur et découpez 6 cercles d'environ 12 cm de diamètre. Posez-les sur une plaque recouverte d'un papier sulfurisé légèrement humide et laissez reposer au réfrigérateur, environ 30 min.

Versez le Champagne dans une petite casserole, ajoutez 175 g de sucre et faites-le fondre. Portez à ébullition et laissez frémir 2 à 3 min.

Epluchez finement les poires, coupez-les en 2, épépinez-les. Mettez-les à pocher 10 min dans le sirop au Champagne avant de les égoutter dans une passoire. Lorsqu'elles sont refroidies, coupez les 6 plus belles demi-poires dans le sens de la hauteur en tranches de 5 mm d'épaisseur mais sans

les détacher complètement, jusqu'à 2 cm du haut de la poire.

Préchauffez le four à 180°C (th. 5/6).

Etalez la crème d'amandes au centre des cercles de feuilletage. Posez 1/2 poire sur chacun d'eux, en écartant les tranches en éventail. Saupoudrez d'une cuillerée à café de sucre semoule et dorez le bord de la pâte avec l'œuf battu.

Faites cuire pendant 20 à 25 min.

Préparez un coulis de poire en passant au mixer les 2 moitiés de fruit restantes, le sirop ayant servi à les pocher et le jus d'orange.

Servez chaud ou tiède en accompagnant de crème fraîche légèrement fouettée et du coulis de poire.

POUR 6 A 8 PERSONNES

Préparation : 30 min
Temps de repos : 1 h
Cuisson : 1 h 30

125 g de semoule
à entremets (grains moyens)
300 g de sucre semoule
25 cl de Champagne brut
15 cl d'eau
2 cl de Grand-Marnier
2 œufs entiers
5 blancs d'œufs
1 pincée de sel
2 cuill. à café de jus
de citron
100 g de fruits confits
100 g de raisins secs blonds
1 cuill. à café de zeste
d'orange râpé

FLAN AU CHAMPAGNE

Bien qu'ils soient devenus de bien modestes gâteaux, les flans étaient autrefois considérés comme dignes de paraître à la table royale. Ils étaient alors plus souvent salés que sucrés.

Quant à l'origine du mot « flan », plusieurs interprétations sont avancées, du bas-latin *flando*, « en soufflant », parce qu'il faut manger les flans chauds, au vieux français *flado*, qui désignait un disque de métal, rond comme un plat à flan, en passant par l'interprétation : « qui viendrait de la Flandre », parce que la Flandre est le pays du lait, premier constituant du flan...

On trouve mention dès le XIXᵉ siècle de la recette du champenois, un flan aux fruits confits confectionné avec de la farine à la place de la semoule.

Versez la semoule dans une casserole et recouvrez-la avec l'eau et le Champagne. Laissez gonfler pendant 1 h à température ambiante.

Faites épaissir le mélange en le mettant 4 à 5 min à feu très doux sans cesser de remuer. Ajoutez alors 200 g de sucre, le Grand-Marnier, le zeste d'orange, un œuf et faites cuire à nouveau 5 min, toujours très doucement.

Retirez la casserole du feu. Mettez cet appareil dans un cul-de-poule, puis incorporez les fruits confits, les raisins et l'œuf restant.

Fouettez les blancs additionnés de la pincée de sel et des cuillerées de citron, en neige ferme, en ajoutant 30 g de sucre à mi-parcours et autant à la fin. Mélangez 1/3 des blancs montés à la semoule pour alléger la masse, puis incorporez le reste délicatement, en soulevant le mélange à la spatule.

Préchauffez le four à 180°C (th. 5/6).

Versez la préparation dans un moule à manqué préalablement beurré et saupoudré d'un peu de sucre semoule.

Faites cuire au bain-marie pendant 1 h 30.

Sortez du four et attendez 10 min avant de démouler, puis laissez refroidir complètement. Caramélisez la surface en saupoudrant le flan d'une fine couche de sucre avant de le passer au gril 3 à 4 min.

Servez bien frais avec une sauce à la vanille ou un coulis de fruits rouges.

DARTOIS A LA MANON

Composé de pâte feuilletée, le dartois peut être sucré ou salé et constituer une entrée ou un dessert. Salé, il est garni de volaille, de jambon, de foie gras ou d'écrevisses. Sucré, il est fourré de confiture, de crème pâtissière au rhum, de fruits confits ou de crème frangipane. On peut y ajouter des pommes ou des poires coupées en petits dés et du sucre vanillé.
Il tirerait son nom de la province d'Artois où l'on prépare beaucoup de mets en pâte, mais cette origine n'est pas fermement établie. On sait néanmoins que le « gâteau à la Manon », un dartois à la frangipane, fut baptisé ainsi en l'honneur de l'œuvre du compositeur Jules Massenet, qui en était friand.

POUR 6 A 8 PERSONNES

Préparation : 45 min
Cuisson : 45 min

350 g de pâte feuilletée
(recette p. 250)
150 g de crème d'amandes
(recette p. 253)
100 g de crème pâtissière
(recette p. 253)
500 g de pommes (golden
ou reinettes)
45 g de sucre
1 œuf entier
10 g de sucre vanillé
Sucre glace

Abaissez la pâte à 2 mm d'épaisseur. Découpez 2 abaisses rectangulaires dont une un peu plus grande qui formera le dessus du gâteau et piquez à la fourchette l'abaisse inférieure sur toute sa surface.

Mélangez la crème d'amandes à la crème pâtissière. Étalez cet appareil sur l'abaisse en restant à 3 ou 4 cm du bord et mettez l'ensemble au réfrigérateur pendant 2 h.

Préparez une petite compote avec 300 g de pommes, le sucre et le sucre vanillé. Laissez-la refroidir.

Coupez le reste des pommes en petits cubes d'environ 10 mm de côté et vanillez-les avec le sucre. Mettez

les dés de pommes dans la compote, puis répartissez ce mélange sur la crème d'amandes qui garnit l'abaisse de feuilletage.

Mouillez le bord au pinceau, déposez l'abaisse supérieure et soudez bien la pâte en pressant avec les doigts. Avec le dos d'un couteau, faites une série d'encoches bien régulières sur tout le tour du dartois. Mettez au réfrigérateur 1 ou 2 h puis badigeonnez la surface avec un pinceau imbibé d'œuf battu et dessinez un décor avec la pointe d'un petit couteau.

Préchauffez le four à 240°C (th. 8). Dorez une deuxième fois le dartois et enfournez. Au bout de 5 à 7 min, baissez la température du four à 200°C (th. 6) et laissez cuire encore 35 à 40 min en surveillant la couleur.

Pour obtenir un beau glaçage, saupoudrez légèrement le dessus du gâteau de sucre glace, 10 min avant la fin de la cuisson.

BISCUIT DE REIMS

POUR 20 A 25 PIECES

Préparation : 20 min
Cuisson : 20 à 25 min

140 g de sucre semoule
20 g de sucre vanillé
125 g de farine
3 jaunes d'œufs
3 blancs d'œufs
50 g de beurre
30 g de sucre raffiné en grains pour le décor
Sucre glace
Fécule

Photo page ci-contre

Le biscuit de Reims n'a pas toujours eu sa forme actuelle. Au XVIIIe siècle, il avait plus d'embonpoint car les pâtissiers le moulaient à la cuillère avant la cuisson, d'où son nom de biscuit à la cuillère. C'est Carême qui innova cette fois encore. Se trouvant au service de Talleyrand qui aimait tremper un biscuit dans un verre de Madère et se plaignait de devoir le couper en deux, Carême imagina de placer la pâte dans un cornet en papier dont il coupa l'extrémité et parvint ainsi à réaliser des biscuits longs, de la grosseur du pouce. Satisfait du résultat, il les fit cuire et s'empressa de les servir au prince qui en fit parvenir quelques-uns à Napoléon dont ils devinrent le gâteau favori. Ainsi, grâce à ce biscuit, fut inventée la poche à douille.
Les biscuits de Reims, destinés à être trempés dans le vin (en l'occurrence le Champagne, autrefois très sucré), sont souvent teintés de rose avec du carmin et parfumés à la vanille, mais ces pratiques sont contestées par les Rémois de souche qui préfèrent le biscuit naturel, blanc.

A l'aide d'un rouleau, concassez légèrement le sucre en grains sans le réduire en poudre.

Dans un bol mélangeur, fouettez les jaunes d'œufs et les sucres semoule et vanillé pendant 5 à 6 min, à vitesse moyenne, pour les faire monter.

Ajoutez ensuite petit à petit les blancs d'œufs non battus. Procédez en 5 ou 6 fois, en continuant à fouetter 2 ou 3 min entre chaque adjonction pour faire monter l'appareil. Puis incorporez la farine, en mélangeant délicatement avec une spatule. Lissez enfin la pâte en y mêlant une petite cuillerée d'eau. Elle s'étalera mieux dans les moules et prendra un aspect brillant.

Beurrez légèrement mais uniformément des petits moules rectangulaires, des moules à friands par exemple. Saupoudrez l'intérieur avec un mélange constitué à parts égales de fécule et de sucre glace.

Préchauffez votre four à 180/190°C (th. 6).

Dressez la pâte dans les moules à l'aide d'une poche à douille lisse de 1 cm de diamètre.

Laissez sécher les biscuits 10 à 15 min à température ambiante pour obtenir un léger croûtage de la pâte. Saupoudrez-les alors de sucre en grains concassé, retournez-les rapidement pour enlever l'excédent de sucre et faites sécher encore une dizaine de minutes.

Mettez à cuire 20 à 25 min en surveillant la coloration. Si vous souhaitez obtenir des biscuits roses, ajoutez quelques gouttes de colorant rouge après avoir battu le mélange jaunes, sucres et blancs d'œufs pendant une dizaine de minutes.

NORMANDIE

TARTE NORMANDE

POUR 6 PERSONNES

Préparation : 15 min
Temps de repos : 2 h
Cuisson : 40 min

150 g de pâte brisée
(recette p. 251)
1 kg de pommes (reines des
reinettes ou boskoops)
50 g de beurre
100 g de sucre en poudre
avec une pincée de cannelle
50 g de sucre glace
50 g de gelée de pomme si
vous servez la tarte froide
1/2 cuill. à café de cannelle
(facultatif)

Photo page ci-contre

rgueil de la maîtresse de maison, la tarte, surtout la tarte aux pommes, est peut être le gâteau familial le plus répandu en France... Autant dire qu'il en existe une variété considérable et que beaucoup sont d'origine normande. D'Yport, de Bayeux ou de Pont-Audemer, chaque région, pour ne pas dire chaque canton, a sa recette de tarte aux pommes. Confectionnées jadis avec les restes de pâte à pain, les tartes se sont peu à peu enrichies pour devenir des pâtisseries moelleuses, parfumées à la cannelle à Yport, à la crème d'amandes dans la région de Brionne, ou largement flambées de Calvados dans le pays d'Auge.
La tarte aux pommes normande la plus traditionnelle est sans doute celle-ci, que l'on sert souvent encore chaude avec une jatte de crème épaisse bien froide.

Posez un cercle à tarte d'un diamètre de 20 cm sur la plaque du four, foncez-le avec la pâte, en laissant dépasser une crête de 2 à 3 mm au-dessus du cercle. Laissez reposer 2 h.

Epluchez les pommes, réservez-en 500 g. Avec le reste, préparez une petite compote avec 2 cuillerées à soupe d'eau, le sucre en poudre et la cannelle si vous le désirez. Laissez-la refroidir.

Coupez les 500 g de pommes en lamelles fines de 2 à 3 mm d'épaisseur. Mettez la compote dans le fond de tarte, répartissez dessus les lamelles de pommes de manière concentrique, aussi régulièrement que possible. Faites fondre le beurre, arrosez la tarte avec le beurre fondu et saupoudrez avec la moitié du sucre glace.

Préchauffez le four à 180/200°C (th. 6).

Faites cuire 55 min.

Saupoudrez du reste du sucre glace 5 min avant la fin de la cuisson pour donner du brillant à la tarte si vous la servez chaude. Dans le cas contraire, passez au pinceau la gelée de pomme fondue sur la tarte bien refroidie.

TOURTE
DE PONT-AUDEMER

epuis le Moyen Age, les tourtes salées ou sucrées figurent à la place d'honneur des menus de fête, même si les chefs parisiens les ont un peu hâtivement jugées trop rustiques à partir du XIXe siècle. Avec le ruifard aux fruits du Dauphiné et le poirat berrichon, la tourte aux pommes est un dessert classique, qui a donné lieu à de nombreuses variantes. On trouve ainsi des

POUR 6 A 8 PERSONNES

Préparation : 40 min
Cuisson : 50 min

600 g de pommes acidulées
(reines des reinettes
ou calvilles)
300 g de pâte feuilletée
(recette p. 250)
65 g de beurre
25 g de sucre vanillé
75 g de confiture d'abricots

Pour la glace royale :
1/2 blanc d'œuf
100 g de sucre glace
Quelques gouttes de jus de
citron

tourtes en pâte feuilletée ou brisée, garnies de pommes, de poires, de pruneaux, d'abricots, de crème fraîche, de raisins secs ou d'amandes. La tourte peut même perdre son couvercle, c'est alors une tarte à bords hauts. Et si l'on cuit l'appareil directement dans un moule en le recouvrant de pâte, c'est la tourtière du Lot-et-Garonne ou le *pie* de nos voisins anglais.

Epluchez les pommes, coupez-les en cubes d'environ 1,5 cm de côté. Faites fondre le beurre dans une sauteuse, jetez les pommes dedans quand il mousse. Laissez cuire 3 à 4 min en remuant avec une spatule en bois. Ajoutez le sucre vanillé, remuez délicatement et laissez cuire 6 à 7 min à petit feu. Les pommes doivent être tendres quand on les pique avec un couteau.

Laissez refroidir dans un saladier, ajoutez la confiture d'abricots.

Beurrez un moule à bords hauts ou un cercle à tarte de 20 cm de diamètre.

Divisez la pâte en 2 parties. Etalez-ces parts sur 3 mm d'épaisseur. Foncez le moule en laissant déborder la pâte autour. Versez les pommes bien refroidies. Mouillez le bord de la pâte au pinceau, posez la partie supérieure et soudez-la en appuyant avec un rouleau que vous maintenez

oblique du côté extérieur du moule. Découpez le tour à 2 cm du moule, repliez le bord vers l'intérieur, chiquetez avec le dos d'un couteau. Mettez la tourte au froid.

Préparez la glace royale en mélangeant dans un bol le blanc d'œuf et le sucre glace. Ajoutez à la fin 2 ou 3 gouttes de jus de citron. Etalez cette préparation sur le dessus de la tarte avec une spatule et laissez-la une quinzaine de minutes à température ambiante pour qu'elle se solidifie.

Préchauffez le four à 220°C (th. 7).

Mettez à cuire 10 min, baissez ensuite la température à 200°C (th. 6) et laissez encore 40 min. Surveillez la coloration de la glace royale : quand elle a durci et commence à blondir, il est recommandé de la couvrir d'un papier d'aluminium pour terminer la cuisson.

Cette tourte est délicieuse tiède, servie au sortir du moule.

DOUILLONS D'YVETOT

Photo page ci-contre

Le fruit en cage, qui consiste à cuire des fruits dans une coque de pâte, est un dessert classique et fort ancien de tout le nord-ouest de la France. Les douillons normands, qui utilisent la poire, tirent leur nom de la « douillette », épais manteau fourré, tant le fruit semble enveloppé confortablement dans la pâte. Ce dessert d'automne doit être préparé avec des poires williams ou des comices, à la rigueur avec des guyots, qui tiennent cependant moins bien à la cuisson. Originellement remplies de beurre et parfumées à la cannelle, les poires étaient cuites

dans de la pâte brisée. Ce sont les douillons traditionnels, préparés à Yvetot par l'excellent pâtissier qu'est Max Duflot. Fourrés de crème pâtissière et entourés de pâte feuilletée, ils sont particulièrement fondants.

Epluchez les poires et ôtez les cœurs en creusant l'intérieur avec un vide-pomme ou une cuillère parisienne. Si vous utilisez des williams, qui ont la peau très fine, vous pouvez ne pas les éplucher. Remplissez-les de crème pâtissière.

Séparez le blanc du jaune d'1 des 2 œufs, coupez les crêpes en 2, passez-les au blanc d'œuf avec un pinceau et saupoudrez-les de sucre vanillé.

Enfermez chaque poire dans 1/2 crêpe. Pour qu'elle épouse la forme du fruit, n'hésitez pas à l'entailler avec des ciseaux.

Divisez le feuilletage en 4, abaissez-le à 3 mm d'épaisseur et découpez 4 carrés de pâte d'environ 18 cm de côté.

Posez les poires debout sur les carrés de feuilletage, rabattez les angles au sommet des fruits en laissant dépasser la queue, soudez les arêtes en les pinçant. Vous pouvez découper des feuilles dans les chutes de pâte et décorer ainsi vos douillons.

Mélangez l'œuf entier, le jaune restant et la cuillerée à café de sucre. Dorez les douillons au pinceau avant de les mettre au réfrigérateur pour 2 ou 3 h.

Préchauffez le four à 220°C (th. 7).

Dorez à nouveau les douillons avant de les enfourner. Laissez cuire 20 min à 220°C (th. 7) puis baissez la température à 180°C (th. 5/6) et laissez encore 25 min en couvrant d'une feuille d'aluminium si la pâte se colore trop vite.

Servez tiède ou froid.

POUR 4 PERSONNES

Préparation : 1 h
Temps de repos : 2 à 3 h
Cuisson : 45 min

300 g de pâte feuilletée (recette p. 250)
4 poires fermes mais à point
150 g de crème pâtissière (recette p. 253)
2 crêpes (recette p. 76)
2 œufs
2 sachets de sucre vanillé
1 cuill. à café de sucre

COCHELIN D'EVREUX

Gros chausson aux pommes qui peut régaler toute une table, le cochelin est typique de la région d'Evreux. Il ne faut pas le confondre avec les petits bonshommes en pâte que l'on donne aux enfants au Nouvel An ou à l'Epiphanie, et que l'on nomme aguignettes ici et cochelins là.
Réalisé à l'origine avec de la pâte brisée, le cochelin se fait maintenant presque toujours avec de la pâte feuilletée. Les pommes donneront tout son caractère à ce dessert. Il est donc important d'utiliser des variétés de bonne qualité. La calville, gros fruit aux côtes marquées et à la chair très fine, est incontestablement la meilleure ; c'est malheureusement un fruit assez rare aujourd'hui.

Abaissez la pâte feuilletée à 3 mm d'épaisseur en formant un grand cercle. Piquez avec une fourchette la moitié de cette abaisse, celle qui se trouvera en dessous.

Mettez l'ensemble au froid sur la plaque du four recouverte de papier sulfurisé.

Epluchez les pommes, préparez une petite compote avec le 1/3 des

POUR 8 PERSONNES

Préparation : 25 min
Cuisson : 45 min

450 g de pâte feuilletée (recette p. 250)
1 kg de pommes acidulées
75 g de sucre vanillé
100 g de sucre
1 œuf pour la dorure

Photo page ci-contre

fruits, 100 g de sucre et 5 cl d'eau pour obtenir environ 250 g de compote. Laissez refroidir.

Coupez le reste des pommes en cubes d'environ 15 mm de côté. Vous devez en obtenir environ 500 g.

Mélangez le sucre vanillé avec les dés de pomme, ajoutez ensuite la compote. Garnissez la moitié de l'abaisse de feuilletage (côté piqué) avec ce mélange, en veillant à laisser 2 à 3 cm sans garniture sur le bord.

Mouillez alors le pourtour du feuilletage au pinceau. Repliez le chausson et appuyez bien du bout des doigts pour coller les 2 abaisses en les écrasant légèrement. Rabattez le bord avec le pouce et l'index tout en appuyant pour former un bourrelet.

Dorez le cochelin avec l'œuf battu, mettez au froid 1 h puis faites un décor avec la pointe d'un couteau.

Préchauffez le four à 220°C (th. 7).

Dorez à nouveau le cochelin et enfournez-le. Au bout de 10 min, baissez la température à 180°C (th. 5/6). Laissez cuire encore 25 min puis terminez la cuisson à 160°C (th. 4) pendant 10 min. Servez chaud ou tiède.

BRIOCHE DU PERCHE

L'origine de la brioche est contestée : certains auteurs affirment qu'elle vient de la Brie, tandis que d'autres assurent que le mot dérive du normand *brier* signifiant broyer ou rompre la pâte, et que le pain brié est originaire du pays d'Auge. Quoi qu'il en soit, la province est réputée depuis fort longtemps pour l'excellence de ses brioches. L'abondance et la qualité du beurre de Normandie ont toujours attiré une forte clientèle sur les marchés au beurre de Gisors et Gournay... et l'on ne manquait pas de s'y régaler des brioches locales, dont on débitait jusqu'à 300 kg par jour à Gisors.

Dans le Perche, la foire à la brioche de Moulin-la-Marche, au mois de mars, attire chaque année des dizaines de pâtissiers qui cuisent pour l'occasion des brioches de toutes formes. La brioche que je vous propose nécessite, pour être réussie, d'être préparée la veille.

POUR 6 PERSONNES

Préparation : 45 min
Temps de repos : 12 à 15 h
Cuisson : 35 min

175 g de farine
120 g de beurre
2 œufs
10 g de sucre en poudre
5 g de sel
5 g de levure de boulanger
1 cuill. à soupe de lait
1 œuf pour la dorure

Photo page ci-contre

Une heure à l'avance, sortez le beurre du réfrigérateur et émiettez la levure dans un bol avec une cuillerée d'eau tiède. Délayez le sel et le sucre dans la cuillerée de lait dans un autre bol.

Faites une fontaine dans la farine, versez dedans la levure délayée, mélangez bien avec les doigts. Ajoutez les œufs un par un, incorporez-les soigneusement, terminez avec le sucre et le sel délayés. Pétrissez la pâte à la main une dizaine de minutes. Elle doit devenir très élastique.

Mettez le beurre entre 2 feuilles de plastique et assouplissez-le en le battant au rouleau à pâtisserie. Mettez 1/3 de la pâte dans un grand saladier, incorporez le beurre en le travaillant avec une corne de plastique. Ajoutez ensuite les deux autres tiers de pâte, l'un après l'autre, en travaillant bien le mélange chaque fois.

Recouvrez la pâte d'un torchon fariné et laissez-la pousser 1 h au tiède, à 25°C environ, sur le dessus d'un radiateur ou dans le four tiédi puis éteint. Rompez alors la pâte à la main 2 ou 3 fois, et mettez-la au frais pour la nuit.

Le lendemain, façonnez la pâte en 15 boules égales de 25 g et une de 50 g. Façonnez les boules grossièrement une première fois, puis passez-les au froid quelques instants avant de les façonner une deuxième fois en leur donnant une forme bien régulière.

Beurrez un moule à génoise de 26 cm de diamètre et 6 cm de haut.

Disposez les boules de pâte dans le moule en laissant 1 cm entre le bord et les premières boules. Prévoyez 10 boules pour constituer la bordure, 5 au milieu et réservez la plus grosse pour le centre.

Dorez la surface et faites pousser 1 h 30 à 2 h à température ambiante.

Préchauffez le four à 200°C (th. 6).

Dorez à nouveau, enfournez, baissez la température à 180°C (th. 5) et faites cuire 40 à 45 min.

Servez cette brioche tiède avec des fruits en compote, ou au petit déjeuner avec du beurre en motte.

TERRINEE OU TEURGOULE

POUR 6 A 8 PERSONNES

Préparation : 5 min
Cuisson : 4 à 5 h

2 l de lait cru ou, à défaut,
1,5 l de lait entier pasteurisé
et 50 cl de crème fleurette
200 g de riz rond de bonne
qualité (riz caroline)
ou de riz basmati
200 g de sucre en poudre
1 gousse de vanille
1 pincée de sel

*A*utrefois de rigueur lors des fêtes de village de l'Orne et du Calvados, la terrinée, ou teurgoule, est restée un dessert familial traditionnel. La cuisson étant fort longue, on la donnait naguère à enfourner au boulanger.

Ce dessert très nourrissant – ne l'appelle-t-on pas aussi « bourre-goule » ? – était souvent servi avec la fallue, brioche rustique de Basse-Normandie. Il fallait un bel appétit pour faire honneur à ces desserts après quelques heures passées à table...

Traditionnellement aromatisée à la cannelle, la terrinée peut aussi être préparée à la vanille, comme le riz à la bréhatine des voisins bretons. La qualité du lait utilisé est importante, et la préparation est nettement plus savoureuse avec du lait cru.

Fendez la gousse de vanille en 2, grattez soigneusement l'intérieur avec le dos d'un couteau. Chauffez une tasse de lait dans une casserole pour dissoudre la vanille ; mélangez ensuite avec le reste du lait.

Dans un plat en terre, qui peut être un plat à gratin un peu creux, une terrine ou un plat à cassoulet, versez le lait froid, puis le sucre et le riz. Ajoutez la pincée de sel et enfournez sans remuer.

La terrinée doit cuire 4 à 5 h à four très doux (120°C soit th. 2/3). Il ne faut pas remuer l'entremets pendant toute la durée de la cuisson. Une belle croûte dorée va se former, qu'il suffira de retirer pour la dégustation.

On dégustait autrefois la terrinée chaude, mais on la sert aujourd'hui le plus souvent froide.

Accompagnez-la d'un coulis de fruits rouges, ou d'une sauce à la vanille si vous l'avez aromatisée à la cannelle.

SOUPE DOREE
AUX POMMES

*L*a soupe désignait autrefois une tranche de pain mouillée de bouillon, de vin ou de sauce. Elle constituait souvent le repas du soir et toujours celui du matin.

On mange aujourd'hui beaucoup moins de soupe que jadis et c'est un entremets sucré qui reste le meilleur témoin de cette époque. Croûte dorée, pain à la romaine ou soupe dorée, *bread and butter pudding* ou *hasty pudding* chez les Anglais, c'est toujours le même pain perdu qui a fait les délices des goûters de notre enfance et des fêtes pascales, époque à laquelle on le servait souvent. Confectionné à l'origine avec le pain « perdu », c'est-à-dire les morceaux et les croûtes qui restaient sur la table, cet entremets s'accommode fort bien du pain brioché, voire de la brioche... Cuite avec des pommes, cette soupe dorée est une recette traditionnelle du Perche.

POUR 6 PERSONNES

Préparation : 30 min
Cuisson : 40 min

250 g de pain brioché
(recette p. 252) ou de pain
de mie pâtissier
1/2 l de lait entier
3 œufs entiers et 2 jaunes
200 g de beurre
100 g de sucre semoule
50 g de vergeoise
(sucre roux)
1 kg de pommes (calvilles
ou reinettes, granny smith si
vous désirez un goût plus
acidulé)
30 g de sucre vanillé

Photo pages suivantes

Coupez le pain brioché ou de mie en tranches de 1,5 cm à 2 cm d'épaisseur. Coupez-les ensuite en 2, en diagonale, pour obtenir des tranches triangulaires.

Battez la moitié du beurre entre 2 feuilles de plastique pour l'assouplir, mélangez-le avec la vergeoise et tartinez les tranches de pain avec ce mélange. Passez-les 2 min sous le gril du four pour les faire blondir.

Epluchez les pommes, coupez-les en tranches assez épaisses de 1 à 1,5 cm, faites-les revenir 5 min à la poêle avec le reste du beurre.

Tapissez le fond et les côtés d'un plat à gratin de tranches de pommes, disposez ensuite les tranches de pain la pointe en l'air, en alternance avec le reste des tranches de pommes, en les faisant se chevaucher.

Faites bouillir le lait avec le sucre vanillé ; dans un cul-de-poule,

fouettez les œufs entiers, les jaunes et le sucre pendant 2 min. Ajoutez le lait chaud (mais pas bouillant) sur ce mélange, en continuant de fouetter. Versez cet appareil doucement dans le plat en maintenant les tranches de pain avec une palette pour qu'elles ne remontent pas à la surface.

Préchauffez le four à 200°C (th. 6) et remplissez d'eau la lèchefrite pour faire un bain-marie. Enfournez pour 35 à 40 min, en appuyant sur les tranches de pain à deux ou trois reprises en début de cuisson, car tant que l'appareil est liquide, elles auront tendance à remonter à la surface.

Testez la cuisson en piquant le plat avec un couteau au centre. Quand la lame ressort bien nette, la soupe dorée est cuite.

Vous pouvez la servir tiède et accompagnée d'une compote de pommes ou d'une sauce à la vanille.

POMMES AU FOUR

POUR 4 A 5 PERSONNES

Préparation : 10 min
Cuisson : 40 à 45 min

5 grosses pommes (reines
des reinettes, calvilles)
25 g de beurre
50 g de miel de pommiers

Pour la garniture :
200 g de compote de
pommes
100 g de confiture d'abricots

Photo page ci-contre

*P*ays de la pomme à cidre, la Normandie est aussi celui de la pomme à couteau. Mais l'arboriculture moderne a changé le visage des vergers. Les pommes de grillot, de curetin, de rougelet ont disparu, les grand-alexandre, les calvilles, les rambours et les pommes d'api se font rares. Ces variétés traditionnelles sont pourtant beaucoup plus savoureuses que la plupart des pommes cultivées intensivement.

La grande famille des reinettes reste heureusement bien présente sur les marchés : belles de Boskoop et reines des reinettes. Reinettes clochards ou du Canada permettent de préparer de simples mais savoureux desserts. La pomme au four, ou pomme bonne femme, que l'on mettait autrefois à cuire tout bonnement dans la cheminée, fait partie de ceux-ci. On peut du reste toujours faire cuire ces pommes dans les braises, à condition de bien les emballer dans du papier d'aluminium.

Beurrez un plat en terre allant au four et préchauffez le four à 200°C (th. 6).

Après avoir légèrement coupé les pommes à la base, disposez-les dans le plat.

Coupez le haut des fruits de façon à pouvoir les remettre comme chapeau puis creusez l'intérieur et ôtez tous les pépins.

Garnissez les pommes du mélange compote-confiture et remettez les chapeaux. Nappez-les de miel et répartissez le beurre en petites noisettes.

Faites cuire 40 à 45 min.

En fin de cuisson, arrosez les pommes avec leur jus.

Servez avec un coulis d'abricot.

MIRLITONS DE ROUEN

*D*escendant vraisemblablement de la talmouse du Moyen Age, le mirliton est un gâteau fort ancien. A Paris, on le parfume à l'eau de fleur d'oranger et on y ajoute de la confiture d'abricots et des amandes, tandis qu'à Nice on y met des cerneaux de noix. A Rouen, on y trouve naturellement de la crème fraîche.

Le mirliton s'est raffiné à Paris en devenant conversation ; c'est le même gâteau avec un couvercle de pâte recouvert de glace royale. Bien exécuté, dans des moules foncés très finement, le mirliton est une pâtisserie très légère, que les enfants adoreront, et qui permet d'utiliser les chutes de pâte feuilletée.

POUR 15 GATEAUX

Préparation : 30 min
Temps de repos : 1 à 2 h
Cuisson : 25 min

250 g de pâte feuilletée
(recette p. 250)
2 œufs
10 cl de crème fraîche
80 g de sucre en poudre
25 g de crème d'amandes
(recette p. 253)
20 g de sucre vanillé
Sucre glace

Abaissez la pâte feuilletée à 3 mm d'épaisseur. Découpez à l'emporte-pièce, ou avec une tasse, des cercles d'environ 8 cm de diamètre. Ce diamètre dépend aussi de la taille des moules que vous utiliserez.

Foncez des moules à mirlitons ou, à défaut, des moules à tartelettes assez hauts en déposant un cercle de pâte au fond de chacun d'eux et en appuyant dessus avec les pouces pour faire remonter la pâte le long des bords. Procédez en 2 ou 3 fois, en mettant les moules au réfrigérateur 30 min entre chaque fonçage. Il faut obtenir une couche de pâte très fine et faire remonter au-dessus des bords une crête d'environ 5 mm. Piquez le fond avec une fourchette, remettez les moules au réfrigérateur pendant 30 min.

Préchauffez le four à 180/200°C (th. 5/6).

Dans un petit saladier, mélangez les œufs, le sucre, le sucre vanillé, la crème d'amandes et la crème fraîche. Répartissez cette garniture dans les moules à l'aide d'une cuillère.

Saupoudrez largement de sucre glace puis déposez délicatement les moules bien à plat sur la plaque du four en prenant soin de ne plus les bouger car la garniture est très molle.

Faites cuire 25 min environ.

Démoulez tiède et servez tiède ou froid.

CHARTREUSE AUX POMMES

Composées à l'origine uniquement de légumes, parce que les moines chartreux, suivant la règle bénédictine, devaient suivre un régime végétarien, les chartreuses devinrent des plats de prestige au début du siècle dernier.

Les chartreuses d'entremets, sucrées, cuites au four, sont les ancêtres des charlottes sans cuisson créées au début du XIXe siècle par Carême, grand amateur de ces recettes très décoratives. Suivant les modes politiques, ces « charlottes à la parisienne » devinrent « charlottes à la russe ».

La chartreuse aux pommes, apparue en Normandie il y a déjà longtemps, s'inspire vraisemblablement des entremets sucrés anglais de la fin du XVIIIe siècle. Une crème anglaise peut accompagner avec bonheur cet entremets parfumé au Calvados.

POUR 6 PERSONNES

Préparation : 45 min
Cuisson : 1 h 30

1,5 kg de pommes
(reinettes)
1 pain de mie de 200 g
100 g de sucre
125 g de beurre
100 g de confiture d'abricots
10 cl de Calvados
30 g de sucre vanillé

Réservez une pomme, épluchez les autres et coupez-les en dés. Beurrez un plat à four avec 50 g de beurre en pommade, placez-y les dés de pomme et le sucre vanillé. Saupoudrez de 100 g de sucre, nappez de 100 g de confiture d'abricots, arrosez avec le Calvados et mettez à cuire 35 min à 180°C (th. 5/6).

Après refroidissement, mixez pour obtenir une compote lisse.

Enlevez la croûte du pain de mie, coupez-le en tranches de 1 cm d'épaisseur, puis en bâtonnets (3 dans une tranche).

Faites fondre le reste du beurre, trempez les bâtonnets de pain de mie dedans et tapissez-en le fond et les côtés d'un moule à charlotte de 16 cm de diamètre.

Versez 350 g de compote dans le moule, disposez une couche de bâtonnets de pain de mie, versez encore 300 g de compote (gardez-en 2 à 3 cuillerées à soupe) et terminez avec une couche de bâtonnets de pain de mie.

Préchauffez le four à 180°C (th. 5/6). Faites cuire la chartreuse 50 à 55 min. Laissez-la tiédir avant de la démouler.

Pendant la cuisson, épluchez la pomme réservée, coupez-la en lamelles que vous ferez revenir 5 min dans une poêle beurrée.

Quand la chartreuse est refroidie, recouvrez-la du reste de compote, saupoudrez du sucre restant et caramélisez le dessus rapidement sous le gril du four. Disposez les tranches de pommes dorées au beurre en décor tout autour de la chartreuse.

Servez ce gâteau avec un bol de crème fraîche épaisse, une sauce à la vanille ou un coulis d'abricot. Pour le coulis, mixez 150 g d'abricots avec 10 cl de leur sirop et 5 cl de Grand-Marnier ou de Calvados.

OMELETTE SOUFFLEE A LA BÉNÉDICTINE

POUR 6 PERSONNES

Préparation : 15 min
Cuisson : 15 min

6 jaunes d'œufs
8 blancs d'œufs
200 g de sucre
20 cl de Bénédictine
50 g de beurre
1 pincée de sel
2 cuill. de jus de citron

Créée à l'aube du XVIᵉ siècle, la Bénédictine est l'une des plus anciennes liqueurs françaises, mais sa recette, mise au point par les moines de l'abbaye de Fécamp, fut perdue en même temps que l'abbaye dans la tourmente révolutionnaire. Il fallut attendre près d'un siècle pour que, en 1863, un négociant fécampois retrouve quelques archives de l'abbaye et le secret de l'élixir des moines bénédictins. C'est, du moins, ce que dit la légende... En une vingtaine d'années Alexandre Le Grand, car tel est le nom de notre négociant, faite connaître la Bénédictine dans le monde entier. Vingt-sept plantes entrent dans la composition de la célèbre et très élaborée liqueur jaune. Après le brassage et la décantation des différents alcools, on introduit un sirop de sucre et de miel (à raison de 350 g au litre), ce qui rend cette liqueur particulièrement adaptée aux préparations sucrées. Le dessert classique qu'est l'omelette flambée était très en vogue à la fin du siècle dernier, grande époque de la Bénédictine.

Dans un cul-de-poule (ou un saladier), travaillez au fouet les jaunes d'œufs, le sucre et la moitié de la Bénédictine jusqu'à ce que le mélange soit lisse et onctueux ; on dit qu'il « fait le ruban ».

Montez les blancs en neige bien ferme avec la pincée de sel et le jus de citron.

Pour les incorporer au mélange jaunes-sucre sans les faire retomber, allégez d'abord ce mélange en lui ajoutant une grosse cuillerée de blancs et en remuant bien. Versez ensuite cet appareil dans les blancs, en retournant délicatement la masse avec une spatule de caoutchouc.

Préchauffez le four à 200°C (th. 6).

Beurrez et saupoudrez de sucre un plat à four.

Faites chauffer le beurre dans une grande poêle jusqu'à ce qu'il devienne noisette. Versez l'omelette, laissez cuire 4 à 5 min à feu moyen. Quand l'ensemble commence à prendre couleur (soulevez le bord pour vous en assurer) et à bien gonfler, glissez l'omelette sur le plat de service en la pliant en 2.

Enfournez immédiatement et laissez cuire une dizaine de minutes en surveillant la couleur.

Au moment de servir, flambez sur le plat avec le reste de la Bénédictine préalablement chauffée.

TARTE AUX CERISES DE DUCLAIR

POUR 6 PERSONNES

Préparation : 45 min
Cuisson : 1 h
Temps de refroidissement :
1 h

150 g de pâte brisée
(recette p. 251)
600 g de cerises (reverdy ou
griottes, si vous aimez les
fruits acides)
150 g de fromage blanc
100 g de crème fraîche
200 g de sucre
30 g de beurre
20 cl de Calvados
2 feuilles de gélatine
alimentaire
40 g de gelée de cerise

Photo page ci-contre

A Duclair, comme tout le long de la vallée de la Seine, on récolte d'excellents fruits rouges. Framboisiers, groseilliers, cassissiers et cerisiers se plaisent ici autant que les pommiers, à tel point que l'on parle d'« années à pépins » ou d'« année à noyaux » selon l'importance de la récolte de tel ou tel arbre fruitier. Si les cassis et les framboises sont souvent mis à macérer dans l'alcool, les cerises sont en général dégustées nature. La traditionnelle tarte de Duclair, qui associe le moelleux de la crème, le croquant des cerises et le parfum du Calvados, est une bonne introduction aux douceurs du verger normand.

Préchauffez le four à 190°C (th. 6).

Posez un cercle à tarte d'un diamètre de 20 cm légèrement beurré sur la plaque du four et foncez-le avec la pâte brisée. Posez dessus un cercle de papier sulfurisé et remplissez-le de haricots secs ou de lentilles, pour précuire le fond de tarte sans qu'il se déforme. Enfournez et faites cuire 25 min. Laissez ensuite refroidir.

Dénoyautez les cerises, à la pince si vous en possédez une. Faites fondre le beurre dans une grande poêle avec 40 g de sucre, remuez et mettez les cerises dans la poêle. Roulez les fruits en secouant la poêle à feu vif pendant 5 min, puis ajoutez le Calvados et laissez cuire à petit feu pendant 20 min. Enlevez les cerises avec une écumoire, ajoutez 100 g de sucre dans la poêle et faites réduire le jus. Quand celui-ci épaissit, remettez les cerises et

arrêtez le feu. Laissez refroidir dans la poêle avant d'égoutter les cerises.

Mettez à tremper la gélatine dans un bol d'eau froide pendant 10 min, puis pressez bien les feuilles entre les mains pour en exprimer toute l'eau. Mettez à tiédir une cuillerée à soupe de fromage blanc et faites fondre les feuilles de gélatine dedans.

Mélangez ensuite au reste de fromage blanc. Battez au fouet avec 60 g de sucre.

Fouettez la crème fraîche pour l'alléger, mais sans la monter en chantilly. Mélangez-la au fromage blanc battu. Garnissez le fond de tarte avec cet appareil.

Gardez au froid 1 ou 2 h et disposez les cerises par-dessus. Nappez avec la gelée de cerise fondue au bain-marie et mettez la tarte terminée au froid 1 h avant de la servir.

BRETAGNE

CREPES ET GALETTES

POUR 15 PERSONNES

Préparation : 5 min
Temps de repos : 2 à 3 h
Cuisson (avec 2 poêles) :
20 min environ

250 g de farine de froment
30 g de sucre
100 g de beurre
6 œufs
75 cl de lait
2,5 cl de Grand-Marnier
2,5 cl de rhum
1/2 pincée de sel
1 pincée de cannelle

Photo page ci-contre

*S*urvivance des bouillies de céréales de nos ancêtres, les crêpes sont aujourd'hui des desserts légers que les ménagères confectionnent dans toute la France, surtout au nord de la Loire. Les premières crêpes, dénommées galettes, étaient vraisemblablement cuites sur des pierres plates chauffées, puis sur de larges plaques de fonte posées sur des trépieds dans la cheminée, les « tuiles ».

Tamisez la farine en fontaine dans un saladier avec le sucre et la cannelle. Battez les œufs en omelette avec la demi-pincée de sel et un peu de lait, versez-les au centre et remuez délicatement pour obtenir un mélange lisse et consistant.

Délayez en versant progressivement le reste du lait puis ajoutez le Grand-Marnier, le rhum et le beurre fondu, et laissez reposer 2 à 3 h.

Au moment de faire les crêpes, allongez la pâte. On peut ajouter jusqu'à 15 cl de liquide, soit moitié eau-moitié lait, soit moitié eau-moitié crème liquide.

Avant de cuire les crêpes, clarifiez le beurre qui servira à graisser la poêle. Faites-le fondre doucement, laissez-le refroidir, puis ôtez toutes les impuretés qui se seront formées à la surface.

Faites chauffer une poêle à crêpes à revêtement antiadhésif (qui ne doit servir qu'à cela) et confectionnez un tampon de tissu fin, de mousseline par exemple, en le ficelant soigneusement autour d'une fourchette.

Faites fondre le beurre et trempez-y le tampon de tissu. Badigeonnez la poêle avec ce tampon, puis, en l'inclinant pour recouvrir uniformément le fond, versez une petite louche de pâte.

Laissez dorer la première face et retournez-la avec une spatule fine pour faire cuire l'autre côté. Essuyez la poêle bouillante et beurrez-la après chaque crêpe.

Pour préparer une pâte à galette de sarrasin, procédez de la même manière en remplaçant simplement la farine de froment par de la farine de sarrasin, ou par un mélange à parts égales de froment et de sarrasin. Les galettes étant en général garnies de préparations salées, on n'y ajoute ni alcool ni sucre.

Les garnitures de crêpes sont fort nombreuses. En voici de très simples :

– Faites fondre sur chaque crêpe une noix de beurre. Ajoutez une cuillerée à soupe de confiture de fruits rouges. Pliez en 4 et servez chaud.

– Faites revenir des petits cubes de pommes à la poêle dans une noix de beurre. Saupoudrez de sucre vanillé. Répartissez les pommes vanillées sur les crêpes. Ajoutez sur chaque crêpe une cuillerée à café de miel. Pliez les crêpes en 4 et servez tiède.

– Faites fondre une noix de beurre sur chaque crêpe, saupoudrez d'une cuillerée à soupe de chocolat noir râpé, pliez la crêpe et servez-la garnie d'un peu de crème Chantilly sucrée.

FAR

POUR 6 PERSONNES

Préparation : 10 min
Cuisson : 45 min

50 cl de lait
100 g de farine
135 g de sucre
5 œufs
200 g de pruneaux
15 g de sucre vanillé
1 cuill. à soupe de rhum

Photo page ci-contre

Le far sucré est un dessert populaire dans toute la Bretagne, bien qu'il fût à l'origine un plat salé. On cuisait cette bouillie de farine de froment ou de sarrasin dans un sac *(farz sac'h)*, dans une manche *(farz manch)* ou dans une poche *(farz poch)*, et on la servait avec les viandes et les légumes.

Aujourd'hui, on prépare beaucoup plus fréquemment des fars sucrés, nature autour de Saint-Pol-de-Léon, garnis de raisins secs gonflés dans du rhum à Brest, ou de pruneaux – ce sont les plus répandus – dans la région de Quiberon.

Dénoyautez les pruneaux. Mettez-les à gonfler dans du thé bien chaud, laissez macérer pendant 1 h puis égouttez-les dans une passoire.

Dans un saladier, mélangez la farine et le sucre puis incorporez les œufs entiers un par un, en remuant avec une spatule. Ajoutez le lait.

Parfumez enfin avec le rhum et le sucre vanillé.

Préchauffez le four à 210°C (th. 6/7).

Choisissez un plat à four rustique et décoratif. Enduisez-le largement de beurre et farinez-le. Versez le mélange puis disposez dessus des pruneaux entiers.

Enfournez 10 min à 210°C puis baissez la température du four à 170°C (th. 5) et faites cuire encore 35 min.

Servez dans le plat de cuisson.

KUIGN AMANN

Le *kuign amann* est l'un des plus anciens gâteaux bretons. A l'origine, c'était une simple pâte à pain que l'on enrichissait ici de crème, là de beurre pour le repas du dimanche ou à l'occasion d'une réunion de famille.

Avec le temps, il s'est progressivement enrichi en beurre, puis en sucre. On le confectionne aujourd'hui avec du beurre demi-sel, car on ne trouve plus guère de beurre salé, ce qui lui donne son goût caractéristique. Si vous trouvez du beurre fermier, le gâteau n'en sera que meilleur.

J'en ai dégusté d'excellents à Locronan, un petit village situé près de Concarneau, dans lequel le temps semble s'être arrêté. Ancienne capitale du tissage des voiles, Locronan a été miraculeusement préservé du modernisme : même la pâtisserie y a gardé sa saveur d'autrefois !

Délayez la levure avec 1/2 verre d'eau tiède et faites fondre le sucre avec le reste d'eau. Laissez votre beurre à température ambiante pour le rendre facile à travailler.

Disposez la farine en fontaine sur votre plan de travail.

Versez-y la levure, l'eau sucrée et le rhum, et pétrissez la pâte pendant une dizaine de minutes jusqu'à ce qu'elle soit bien souple. Recouvrez-la d'un linge et laissez-la doubler de volume dans un endroit tiède.

Divisez la pâte en 2 boules.

Abaissez chaque boule (l'une après l'autre) en rond sur le plan de travail à l'aide du rouleau à pâtisserie. Répartissez sur chaque rond 100 g de beurre en l'étalant avec la paume de la main et saupoudrez-le de 60 g de sucre. Rabattez soigneusement les bords pour bien enfermer le tout et allongez délicatement l'abaisse pour lui donner une forme de rectangle. Pliez-la en 3, tournez-la 1/4 de tour et abaissez-la à nouveau en longueur. Renouvelez 1 fois l'opération et repliez-la en 2.

Pour chaque gâteau, huilez légèrement un moule rond de 22 cm de diamètre.

Etalez chacun des 2 morceaux de pâte sur 1 cm d'épaisseur en lui donnant une forme carrée un peu plus grande que le moule. Repliez les pointes vers le centre et posez-le dans le moule. Laissez encore pousser 30 à 45 min à température ambiante.

Préchauffez le four à 220°C (th. 7).

Faites cuire 25 à 30 min. Démoulez chaud, saupoudrez aussitôt de sucre semoule et servez tiède.

POUR 6 PERSONNES

Préparation : 40 min
Temps de repos :
30 à 45 min
Cuisson : 25 à 30 min

250 g de farine
200 g de beurre demi-sel
200 g de sucre
15 g de levure de boulanger
9 cl d'eau
1 grosse cuill. à soupe
de rhum

TOURTEAU POITEVIN

Photo page ci-contre

Selon certains, le nom étrange de ce gâteau viendrait de sa forme, semblable à celle du gros crabe du même nom. Plus vraisemblablement, le tourteau est proche de la tourtière. Les moules à tourteau sont cependant un peu différents des tourtières, hémisphériques avec un léger plat au fond. Chaque famille avait les siens, marqués d'initiales ou décorés de motifs particuliers.

Les gâteaux étaient cuits dans le four du boulanger, après la fournée de pain. Le tourteau a en effet besoin d'une chaleur constante pour « monter » régulièrement en formant un beau dôme, et il ne faut surtout pas ouvrir la porte du four pendant sa cuisson. La légende prétend même qu'un pâtissier poitevin cadenassait la porte de son four, pour éviter que les apprentis impatients ne l'ouvrent trop tôt.

Pour réussir cette spécialité unique en France, il est indispensable d'utiliser du fromage de chèvre très frais et peu salé, spécialité de la région. Dans la région de Lusignan, non loin de Poitiers, on incorpore au tourteau de l'angélique et du Cognac.

POUR 4 A 6 PERSONNES

Préparation : 20 min
Temps de repos : 2 h
Cuisson : 25 min

100 g de pâte brisée
(recette p. 251)
20 g de farine
2 jaunes d'œufs
2 blancs d'œufs
65 g de fromage frais de
chèvre égoutté
65 g de sucre semoule
1 pincée de sel
1/2 cuill. à café de jus de
citron

Humectez très légèrement un moule de 15 cm de diamètre et 4 cm de haut, à bords élevés et incurvés. Le choix du moule est très important pour la réussite du gâteau qui doit être très bombé. Si vous n'avez pas de vrai moule à tourteau, essayez de trouver un moule présentant une forme aussi approchante que possible.

Abaissez la pâte à 2 mm d'épaisseur et découpez dedans un disque de 20 cm de diamètre.

Foncez la tourtière en laissant dépasser une fine crête au-dessus du bord du moule. Piquez le fond et les côtés avec une fourchette et laissez reposer au froid pendant environ 2 h, de préférence au congélateur.

Préchauffez le four à 240°/250°C (th. 9/10). Il doit être très chaud.

Dans un saladier, mélangez le fromage et le sucre à l'aide d'une cuillère en bois. Sans cesser de remuer, ajoutez les jaunes d'œufs et la farine.

Battez les blancs en neige très ferme avec le jus de citron et le sel. Sucrez-les légèrement à la fin puis incorporez-les délicatement à l'ensemble.

Sortez le moule du réfrigérateur et versez-y délicatement le mélange. Faites cuire pendant environ 25 min en n'ouvrant surtout jamais la porte du four. Le dessus du gâteau doit former une croûte un peu brûlée.

Servez tiède ou froid. Le tourteau peut être parfumé avec un zeste d'orange ou de citron.

CRÈME AU COGNAC

POUR 6 PERSONNES

Préparation : 15 min
Cuisson : 35 à 40 min

37 cl de lait
13 cl de crème fleurette
125 g de sucre semoule
2 œufs entiers
4 jaunes d'œufs
1,5 cl de Cognac

Photo page ci-contre

Les Charentais appellent le Cognac « Sa Majesté le Cougnat ». Il est vrai que la Charente doit beaucoup à cet alcool, qui est la manne de la région. Jusqu'au XVIIe siècle, les Charentais ne produisaient en effet que leur vin, qui se vendait de plus en plus mal. La distillation sauva la région, le vin médiocre se transformant en un superbe alcool. L'eau-de-vie des Charentes était déjà réputée quand elle prit le nom de Cognac un siècle plus tard. Outre les pommes flambées, on parfume au cognac les crèmes frites, les omelettes sucrées et même les caillebottes faites de lait caillé. Pour cette crème, particulièrement moelleuse car réalisée presque exclusivement avec des jaunes d'œufs, inutile d'employer un alcool vieux ; un jeune Cognac, même encore « bourru », conviendra bien.

Mélangez dans une casserole le lait et la crème fleurette, faites-les bouillir puis arrêtez le feu.

Mettez les œufs entiers et les jaunes dans un petit saladier avec le sucre et fouettez quelques minutes jusqu'à ce que le mélange blanchisse. En continuant de battre, versez alors le mélange de lait et de crème encore bouillant. Laissez refroidir, puis incorporez le Cognac.

Beurrez un moule à soufflé ou des ramequins individuels.

Versez la crème et faites cuire au

four au bain-marie à 180°C (th. 5/6) pendant 35 à 45 min. Vérifiez la cuisson en plongeant la pointe d'un couteau dans la crème : elle doit ressortir sèche.

Laissez refroidir et servez en accompagnant éventuellement d'une crème anglaise légèrement parfumée au Cognac.

Vous pouvez également flamber au moment de servir avec un peu de Cognac bouillant versé dans le moule.

FLAN AUX POIRES
CHARENTAIS

POUR 8 PERSONNES

Préparation : 30 min
Cuisson : 40 à 45 min

500 g de poires
400 g de pâte brisée
(recette p. 251)
200 g de confiture
d'abricots
3 cl de Cognac

Pour le sirop :
50 cl d'eau
200 g de sucre semoule
200 g de miel
1 gousse de vanille

Pour la garniture :
50 cl de lait
150 g de sucre semoule
2 œufs
40 g de farine
2 cl d'alcool de poire

Photo page ci-contre

Flaugnard, pachade, clafoutis, millard... si le nom varie avec les provinces, la recette est souvent la même. Avant de devenir le flan que nous connaissons, ce très ancien entremets de campagne était confectionné avec une pâte à crêpe un peu épaisse et des fruits, et souvent cuit... à la poêle. Pommes, poires, raisins ou cerises noires, on utilisait les fruits que l'on avait sous la main.
Les variétés de poires à cuire ne sont plus que rarement cultivées, mais certains fruits de table donnent d'excellents résultats. Pour ce flan rustique, la belle angevine ou la williams conviendront très bien. Cette dernière, à peau très fine, peut ne pas être épluchée.

Epluchez les poires ou lavez-les seulement si leur peau est fine.

Préparez le sirop en faisant bouillir l'eau avec le sucre, le miel et la gousse de vanille. Plongez-y les poires entières et faites cuire à petits frémissements environ 15 min. Si besoin, diminuez un peu le temps de cuisson. Les fruits doivent rester fermes. Laissez-les refroidir dans le sirop puis égouttez-les sur un papier absorbant.

Beurrez et farinez soigneusement un moule à tarte à bords assez hauts ou une tourtière.

Abaissez la pâte brisée et garnissez le moule. Mettez au réfrigérateur pendant que vous préparez la garniture.

Préchauffez le four à 200°C (th. 6).

Mettez le lait à bouillir avec 50 g de sucre. Fouettez les œufs et le reste du sucre dans un saladier jusqu'à ce que le mélange blanchisse, puis ajoutez la farine. Versez alors une partie du lait bouillant en remuant et remettez le tout dans la casserole hors du feu (mais le lait doit être encore bouillant) en fouettant énergiquement. Enfin, incorporez l'alcool.

Etalez les 3/4 de la crème chaude dans le fond du moule.

Coupez les poires en lamelles assez épaisses, disposez-les dans le moule puis recouvrez avec le reste de crème.

Faites cuire 40 à 45 min.

Délayez la confiture d'abricots avec un peu du jus de cuisson des poires et le Cognac : vous aurez ainsi un nappage délicieux pour accompagner ce dessert.

PITHIVIERS AUX CERISES NOIRES

POUR 8 PERSONNES

Préparation : 20 min

Temps de repos : 30 min

Cuisson : 45 min

600 g de pâte feuilletée
(recette p. 250)

350 g de crème d'amandes
(recette p. 253)

150 à 200 g de cerises noires
dénoyautées au sirop léger
(poids égoutté)

1 œuf

Sucre glace

Photo page ci-contre

*G*âteau traditionnel du Gâtinais, le pithiviers est devenu la galette des rois de toute la moitié nord de la France. La fouace, de très ancienne réputation en Touraine (Rabelais l'a immortalisée dans son *Gargantua*), a émigré quant à elle vers le sud, devenant le gâteau des rois d'Aquitaine au cédrat confit, la fouace du Rouergue, parfumée à l'eau de fleur d'oranger, ou la fougasse provençale.

En Sologne, on agrémente souvent le pithiviers de cerises noires. C'est aux Bézards, dans la magnifique *Auberge des Templiers* de Philippe Depée, que j'ai dégusté ces délicieuses pâtisseries, en compagnie d'une kyrielle de desserts tous meilleurs les uns que les autres. Cela n'a rien d'étonnant quand on sait que Françoise Depée, son épouse, est aussi bonne pâtissière que charmante maîtresse de maison.

Recouvrez la plaque du four d'un papier sulfurisé que vous mouillez légèrement.

Partagez la pâte feuilletée en 2 parties : la première de 250 g environ, la seconde de 350 g.

Abaissez la première à 2 mm et découpez dedans un cercle de 26 cm de diamètre. Soulevez ce disque en l'enroulant autour du rouleau à pâtisserie avant de le dérouler sur la feuille de papier sulfurisé : on évite ainsi que le feuilletage se rétracte à la cuisson.

Abaissez le reste de pâte à 3 mm pour réaliser un disque à peine plus grand que le premier mais plus épais.

Piquez l'abaisse du dessous, la petite, avec une fourchette. Répartissez régulièrement les cerises noires et la crème d'amandes en partant du centre du cercle et en laissant une marge de 2,5 cm tout autour. Dorez cette bande à l'œuf, puis posez le second disque et soudez les bords en pressant du bout des doigts. Laissez reposer 30 min au réfrigérateur.

Préchauffez le four à 220°C (th. 7).

Festonnez le tour du pithiviers en découpant des crans dans la partie soudée des abaisses avec un petit couteau de cuisine. Dorez à l'œuf battu, puis tracez une rosace sur le dessus en dessinant avec la pointe du couteau des arcs de cercle partant du centre jusqu'au bord du gâteau.

Mettez à cuire 10 min à 220°C (th. 7), puis baissez la température à 170°C (th. 5) et laissez encore 30 à 35 min.

Poudrez de sucre glace et remettez au gril 2 min pour glacer la surface.

Servez de préférence encore tiède.

En diminuant les proportions de pâte feuilletée et de garniture de moitié et en supprimant les cerises noires, vous retrouverez la délicieuse galette des rois ; mais n'oubliez pas de placer un petit sujet de porcelaine entre les deux couches de pâte !

Nonnettes

POUR 12 GATEAUX
ENVIRON

Préparation : 20 min
Temps de repos : 1 h
Cuisson : 45 à 50 min

275 g de farine
200 g de miel (de pommier
ou de cerisier)
125 g de sucre semoule
75 g de beurre
20 cl d'eau
125 g d'écorces d'oranges
confites
22 g de levure chimique
(soit 2 sachets)
3 pincées de noix muscade
1 petite cuill. à café
de cannelle

Le pain d'épice est une très vieille recette, dont on trouve trace dès l'Antiquité grecque. Dans le Gâtinais, on assure que le pain d'épice fut introduit dans la région peu avant l'an 1000 par un évêque arménien réfugié à Pithiviers. Les nonnettes, spécialité de La Ferté-Saint-Aubin, étaient fabriquées jadis par des nonnes.

Le miel de Sologne doit être classé parmi les plus fins. Les miels solognots, devrait-on dire, car il en existe d'innombrables variétés : miel d'acacia transparent et doré, miel de bruyère roux, ou miel de cerisier et de pommier. Personnellement, je sucre toujours mon thé au miel d'acacia et, en hiver, je ne pars jamais à la chasse sans un pot de miel dans la poche, car c'est un délicieux reconstituant.

Versez l'eau dans une casserole et faites-la chauffer avec le miel, le sucre et le beurre jusqu'aux premiers frémissements. Finissez de bien mélanger hors du feu.

Tamisez la farine dans un saladier avec la levure, la cannelle et la noix muscade. Versez peu à peu le liquide chaud, en fouettant jusqu'à l'obtention d'une masse homogène, mais sans travailler trop longtemps l'ensemble.

Mettez ensuite au réfrigérateur pendant une petite heure pour que la pâte raffermisse.

Coupez finement les zestes d'oranges confites. Roulez-les dans un peu de farine, jetez-les en pluie sur la pâte et mélangez très rapidement l'ensemble.

Préchauffez le four à 220°C (th. 7).

Choisissez des moules individuels ronds ou allongés de 6,5 cm de diamètre environ, à bords assez hauts (5 cm). Beurrez-les et farinez-les. Répartissez le mélange à raison de 80 g par moule et faites cuire 45 à 50 min. Démoulez sur un linge.

Les nonnettes se conservent plusieurs jours. Elles sont excellentes fendues en deux et fourrées de marmelade d'oranges amères.

Tarte Briochee
aux Pommes

POUR 8 PERSONNES

Préparation : 40 min
Temps de repos : 30 min
Cuisson : 50 min

5 belles pommes (golden en
fin de saison, calvilles ou
reines des reinettes)
350 g de pâte à brioche
(recette p. 252)
260 g de crème pâtissière
(recette p. 253)
50 g de beurre
60 g de sucre vanillé
8 cl de vin blanc doux
(Vouvray ou
Coteaux-du-Layon)
70 g de sucre semoule
20 g d'amandes en poudre
2 cuill. à soupe de crème
fraîche
1 œuf pour la dorure
1 cuill. de Grand-Marnier
(ou de vieux Calvados)

Dans le val de Loire, les fruits de table ont pris la relève des pommes à cidre. L'été, on y déguste les cardinals et les golden précoces. Avec l'automne apparaissent les variétés traditionnelles : reine des reinettes, grand alexandre et belle de Boskoop ; l'hiver enfin est la saison des meilleures pommes, les calvilles ou bonnets carrés, les reinettes du Mans, très cultivées en Anjou, et les pommes d'api roses, douces et acidulées.

Les desserts aux pommes sont donc nombreux dans tout le val de Loire : « pommé », pâte de pommes longuement cuite, aspics, pâtés, chaussons et les fameuses « pommes tapées » (séchées au four). Les tartes ne manquent pas non plus, dont la célèbre tatin solognote et la tarte saumuroise, parfumée aux amandes et au Grand-Marnier.

Beurrez un moule à tarte ou un cercle d'un diamètre de 22 cm.

Abaissez la pâte à brioche à 5 mm d'épaisseur et foncez le moule en laissant dépasser une petite crête de pâte au-dessus du bord.

Dans un bol, mélangez 20 g de sucre et les amandes en poudre et saupoudrez-en le fond de la tarte. Laissez lever légèrement la pâte à température ambiante.

Pendant ce temps, épluchez 4 pommes, coupez-les en 2 et ciselez-les en croisillons avec la pointe d'un petit couteau.

Faites fondre le beurre dans une poêle, ajoutez le vin et le sucre vanillé puis les fruits et laissez mijoter à feu doux une dizaine de minutes.

Sortez les pommes à l'aide d'une écumoire, égouttez-les dans une passoire et conservez le sirop de cuisson.

Préchauffez le four à 210°C (th. 6/7).

Garnissez la tarte de crème pâtissière. Disposez les pommes sur le fond de crème et dorez le bord de la pâte au pinceau avec de l'œuf.

Mettez à four chaud 10 min puis baissez la température à 180°C (th. 5/6) et faites cuire encore 40 min.

Passez au mixer la pomme restante puis pressez-la dans une étamine pour en extraire le jus ou, mieux, passez à la centrifugeuse la pomme non pelée.

Remettez à feu doux le sirop de cuisson des pommes avec ce jus et 50 g de sucre semoule. Laissez mijoter pour obtenir un caramel blond, puis ajoutez la crème fraîche. Hors du feu, remuez jusqu'à ce que le mélange soit homogène.

Répartissez l'alcool sur les pommes, puis nappez-les du caramel chaud avant qu'il ne refroidisse.

Cette tarte peut se déguster encore légèrement tiède ou froide.

TARTE TATIN

POUR 8 PERSONNES

Préparation : 10 min
Cuisson : 35 min

1 kg de pommes
100 g de beurre
120 g de sucre semoule
30 g de sucre vanillé
200 g de pâte feuilletée
(recette p. 250)

Photo page ci-contre

Ce dessert célèbre est-il vraiment dû à la maladresse de Fanny Tatin, qui renversa un jour une tarte aux pommes sur la plaque du four et la fit cuire ainsi, ne pouvant la retourner ? Ce qui est certain, c'est que le gâteau fut rapidement un succès, d'abord au début du siècle à Lamotte-Beuvron, dans l'auberge des sœurs Tatin, puis dans le Tout-Paris quand *Maxim's* l'eut mise à sa carte. Les tartes renversées aux pommes ou aux poires dont on trouve mention dans tout l'Orléanais donnent plutôt à penser que les sœurs Tatin s'employèrent surtout à faire connaître une spécialité régionale...

En été, vous pourrez préparer cette tarte avec des golden précoces ; en automne, avec des boskoops et, en hiver, avec des calvilles ou des reinettes.

Choisissez un plat en porcelaine à feu ou en fonte émaillée rond, d'un diamètre de 22 cm, de préférence assez épais. La chaleur se répartira mieux pendant la cuisson des pommes. Mettez le beurre à fondre à feu très doux, puis saupoudrez le sucre et le sucre vanillé.

Épluchez les pommes, épépinez-les. Coupez-les en 2 puis en lamelles. Posez-les dans le plat en essayant de reconstituer autant de demi-fruits que possible et en répartissant le reste des tranches de pommes sur le dessus. Faites mijoter à feu doux pendant 20 à 30 min en remuant de temps en temps le plat : le caramel doit devenir blond.
Laissez refroidir.

Pendant la cuisson des pommes, abaissez le feuilletage à 2 mm d'épaisseur. Découpez un cercle de 26 cm de diamètre, piquez-le légèrement avec les dents d'une fourchette et gardez-le au réfrigérateur pendant le temps de préchauffage du four.

Préchauffez le four à 220°C (th. 7).

Posez l'abaisse de pâte feuilletée sur les pommes en faisant glisser la pâte avec les doigts entre les pommes et le bord intérieur du plat.

Enfournez 15 min à 220°C avant de baisser la température du four à 170°C (th. 5) et laissez cuire 20 min.

Démoulez la tarte en la retournant sur un plat et servez-la chaude avec une crème fraîche épaisse ou une boule de glace à la vanille.

TARTE AUX POIRES BELLE ANGEVINE

POUR 8 PERSONNES

Préparation : 40 min
Temps de prise : 2 à 3 h
Cuisson : 40 à 45 min

5 belles poires
200 g de pâte brisée
(recette p. 251)
65 cl de vin rouge
280 g de sucre
150 g de crème d'amandes
(recette p. 253)
75 g de crème pâtissière
(recette p. 253)
1/2 bâton de cannelle
1/2 bâton de vanille
5 feuilles de gélatine

Photo page ci-contre

Les poires ne manquent pas en Anjou et en Touraine, de la bon-chrétien, plantée jadis par saint François de Paule dans le verger du roi Louis XI, à la jeanne d'arc, baptisée ainsi en l'honneur de notre héroïne nationale. La belle angevine est une variété locale qui ne révèle vraiment son goût exquis qu'à la cuisson. Son nom est ainsi devenu celui de la recette et désigne les poires cuites dans du vin rouge avec du sucre et de la cannelle et servies froides. On ajoute souvent un peu d'eau-de-vie de poire à cet entremets très populaire dans la région, spécialité de Michel Augereau, restaurant *Jeanne de Laval* aux Rosiers-sur-Loire.
Avec cette tarte, on sert la cuisson des poires, réduite, sous forme de gelée. Pour cuire les poires, un bon vin rouge d'Anjou, comme le Saumur Champigny ou l'Anjou Village rouge, convient très bien tandis qu'un vin blanc doux, Bonnezeaux ou Coteaux-du-Layon, accompagnera à merveille la dégustation de ce dessert.

Préparez les poires à l'avance, la veille si possible pour qu'elles aient le temps de refroidir dans leur sirop. Epluchez-les, coupez-les en 2 et ôtez le cœur.

Mettez le vin dans une casserole avec le sucre, la cannelle, la vanille et portez à ébullition. Plongez les poires dans ce sirop et faites-les cuire à feu très doux d'abord 15 min à couvert, puis 10 min sans couvercle. Retirez du feu, couvrez la casserole et laissez refroidir. Les poires ne doivent pas être trop cuites et rester encore un peu fermes.

Egouttez ensuite les fruits dans une passoire.

Conservez 50 cl de jus de cuisson pour préparer la gelée de vin. Mettez les feuilles de gélatine à gonfler une dizaine de minutes dans le liquide froid, puis faites ensuite tiédir à feu très doux, en remuant pour dissoudre complètement la gélatine.

Versez dans des petits moules plats et laissez prendre au réfrigérateur.

Beurrez un moule à tarte à fond amovible d'un diamètre de 22 cm ou un cercle.

Préchauffez le four à 220°C (th. 7).

Abaissez la pâte et garnissez le moule en laissant dépasser une petite crête au-dessus du bord. Mettez au réfrigérateur pendant 2 h et piquez le fond avec les dents d'une fourchette fine.

Mélangez la crème d'amandes et la crème pâtissière. Etalez ce mélange au fond du moule. Rangez 8 demi-poires en étoile, partie étroite vers le milieu, puis posez les 2 dernières moitiés de fruit au centre de la tarte. Laissez cuire 40 à 45 min. En cuisant, les poires s'enfoncent dans la crème, la tarte sort du four dorée.

Laissez refroidir, démoulez et servez avec la gelée de vin.

Bourbonnais, Auvergne, Limousin

CASTHANET

POUR 6 A 8 PERSONNES

Préparation : 30 min
Temps de refroidissement :
2 h
Cuisson : 30 min

300 g de pâte sucrée
(recette p. 251)
35 cl de lait
150 g de sucre semoule
500 g de châtaignes
épluchées
50 g de beurre
250 g de crème fleurette
1/4 de gousse de vanille
1 pincée de sel
7 marrons glacés
(pour le décor)
80 g de chocolat noir
1 œuf pour la dorure

Photo page ci-contre

*L*es châtaignes, nous l'avons vu, ont longtemps joué un rôle prépondérant dans l'alimentation en Auvergne. Il n'était pas alors question de les utiliser dans la préparation des desserts. On les grillait au moment de la récolte, vers la mi-octobre. Puis on les mettait à sécher pour l'hiver au grenier, sur un balcon protégé ou dans un petit bâtiment en granit , le séchoir, et on les consommait ensuite bouillies.

Aujourd'hui, les châtaignes ou les marrons sont le plus souvent consommés sucrés, en entremets ou pâtisseries. Pour les éplucher, il faut d'abord fendre l'écorce dure et la peau molle située juste au-dessous avec un petit couteau de cuisine. On les passe ensuite à four chaud (250°C, th. 8) pendant 8 à 10 min, avant de les éplucher encore chauds. On peut aussi les verser, toujours fendus, dans de l'eau bouillante pendant 5 min ou dans de la friture chaude pendant 2 min avant l'épluchage.

Les marrons surgelés conviennent très bien à la pâtisserie ; ils sont très supérieurs aux fruits en conserve.

Beurrez et farinez légèrement un moule ou un cercle à tarte de 22 cm de diamètre, puis étalez la pâte de manière à obtenir un disque un peu plus grand.

Foncez le moule, piquez le fond avec une fourchette et laissez reposer 15 min au réfrigérateur.

Préchauffez le four à 220°C (th. 7).

Recouvrez le fond de pâte d'un papier et de lentilles et faites-le cuire 20 min. Puis, avec un pinceau, dorez-le à l'œuf et remettez-le une dizaine de minutes au four en surveillant la coloration.

Préparez ensuite la garniture. Portez le lait à ébullition avec 80 g de crème, le sucre, le sel et la gousse de vanille fendue en 2. Laissez infuser la vanille hors du feu.

Faites fondre le beurre dans une poêle assez grande pour y faire revenir les châtaignes sans qu'elles se chevauchent. Lorsqu'elles sont légèrement dorées, mettez-les à cuire dans le lait à petits frémissements pendant 2 à 3 min.

Arrêtez le feu et couvrez jusqu'au refroidissement. Pendant ce temps, montez le reste de crème en chantilly. Gardez au froid.

Egouttez les châtaignes, passez-les au mixer ou au robot en versant petit à petit le lait refroidi jusqu'à l'obtention d'une pâte lisse et homogène, et incorporez délicatement la chantilly.

Etalez la moitié de la préparation dans le fond de tarte, répartissez les marrons glacés coupés en petits dés en en réservant 3 entiers pour le décor, puis terminez avec le reste de crème en lui donnant, avec une palette, une forme de dôme. Râpez le chocolat en copeaux avec un couteau économe et parsemez-le à la surface du gâteau. Terminez en décorant avec des moitiés de marrons et tenez au réfrigérateur au moins 2 h avant de servir.

Vous pouvez agréablement accompagner ce gâteau d'une sauce chocolat tiède ou d'un coulis de poire.

PIQUENCHAGNE

POUR 6 A 8 PERSONNES

Préparation : 45 min
Temps de repos : 1 h
Cuisson : 45 à 50 min

400 g de pâte feuilletée
(recette p. 250)

Pour la garniture :
250 g de crème pâtissière
(recette p. 253)
1 jaune d'œuf
50 cl de crème fraîche
375 g de poires
(conférences, alexandrines
douillards)
20 cl d'eau-de-vie de poire
20 g de beurre

Pour le décor :
8 à 10 petites poires fermes
(louise-bonne-d'Avranches
ou williams pas trop mûres)
Gelée de groseille
400 g de sucre
1 œuf pour la dorure

A l'origine simple galette de pâte à pain, quelquefois enrichie d'un peu de beurre et d'un ou deux œufs, dans laquelle on enfonçait avant cuisson des quartiers de pommes, de poires ou de coings, le piquenchâgne a beaucoup évolué pour devenir une belle tourte aux poires.

Il fut ainsi baptisé le jour où une paysanne bourbonnaise planta les poires entières (sans doute parce qu'elles étaient un peu petites) debout dans sa galette. Ces fruits plantés tout droit évoquaient les jeunes garçons jouant après les travaux des champs à se tenir en équilibre sur les mains, faisant le chêne dressé (ou « piquenchâgne »)... et voilà notre dessert baptisé d'un bien joli nom.

Peu à peu, la galette devint couronne, sa pâte s'enrichissant encore pour se rapprocher de celle de la brioche. Et, dans les années 50, les pâtissiers professionnels reprirent cette vieille recette, transformant le piquenchâgne en une riche tourte à la crème pâtissière, sur laquelle on trouve naturellement toujours les petits poires rangées debout.

La veille, préparez les poires qui vous serviront de décor. Epluchez-les en les laissant entières et avec la queue. Faites un sirop avec 400 g de sucre et un litre d'eau, et mettez les fruits à pocher à petits frémissements. Surveillez la fermeté de la chair avec la pointe d'un couteau : les poires doivent s'imprégner à cœur de sirop sans ramollir.

Laissez macérer 24 h dans le sirop. Egouttez-les debout et nappez-les de gelée de groseille tiédie.

Séparez la pâte feuilletée en 2 parts (250 g et 150 g).

Abaissez la plus grosse part à 3 mm d'épaisseur et garnissez-en une tourtière de 26 cm de diamètre préalablement beurrée.

Piquez le fond avec une fourchette. Etalez un peu plus finement, sur 2 mm d'épaisseur, la seconde part qui vous servira à recouvrir le gâteau. Gardez au réfrigérateur pendant que vous préparez la garniture.

Epluchez et émincez le reste des poires. Faites-les revenir rapidement dans une poêle avec 20 g de beurre puis, après les avoir laissées refroidir, mélangez-les aux autres ingrédients de la garniture dans une grande jatte.

Versez dans le moule et refermez la tourte. Humidifiez les bords, posez la seconde abaisse de pâte et soudez le tour en pressant du bout des doigts, puis ciselez-le avec la pointe d'un couteau.

Dorez à l'œuf, découpez un trou de 1 cm de diamètre et disposez une petite cheminée de papier d'aluminium ; laissez reposer 1 h au réfrigérateur avant la cuisson pour éviter le rétrécissement de la pâte.

Préchauffez le four à 180°C (th. 5/6).

Faites cuire pendant 45 à 50 min. Lorsque le gâteau est froid, découpez à la surface avec la pointe d'un couteau, 8 à 10 petites cavités rondes, près du bord, dans lesquelles vous poserez les poires du décor, debout, avant de servir.

CLAFOUTIS AUX CERISES

*P*as de clafoutis sans cerises, tous les Limousins vous le diront. Lorsqu'on utilise des prunes ou des pommes, on nomme le gâteau flognarde, mais il est toujours constitué d'une pâte à crêpe assez épaisse cuite en tourtière. La flognarde, que l'on trouve jusque dans le Périgord, peut aussi, en hiver, ne pas être garnie de fruits mais de confiture. Dans le Nivernais, on incorpore généralement à cette pâte des pommes ; ainsi fait-on la flamusse.

Le clafoutis ne se prépare qu'avec des cerises noires, auxquelles on laisse toujours les noyaux car ils communiquent leur goût à l'entremets. Naguère encore, à la campagne, on considérait que cracher les noyaux était l'apanage des gens maniérés et on n'hésitait pas à les mâcher et à les avaler consciencieusement.

Hors saison, on peut faire d'excellents clafoutis avec des cerises congelées. L'important est de mettre les fruits encore congelés dans la pâte et d'enfourner sans attendre ; la pâte sera saisie et déjà un peu cuite quand les cerises rendront leur jus.

POUR 6 PERSONNES

Préparation : 10 min
Cuisson : 35 à 40 min

450 à 500 g de cerises noires équeutées
100 g de farine
40 cl de lait
4 œufs
180 g de sucre semoule
20 g de sucre vanillé
1 pincée de sel

Photo pages suivantes

Beurrez un plat rectangulaire d'environ 32 cm de long sur 22 cm de large et 4 cm de haut.

Préchauffez le four à 200°C (th. 6).

Dans une terrine, travaillez au fouet la farine, les œufs, le sel et les sucres puis ajoutez progressivement le lait en continuant de fouetter, jusqu'à l'obtention d'une pâte onctueuse et lisse.

Versez l'appareil dans le plat, puis ajoutez les cerises.

Faites cuire 35 à 40 min.

Si vous souhaitez utiliser des fruits congelés, disposez-les encore gelés dans le plat et enfournez aussitôt.

POIRAT

*D*essert traditionnel d'automne en Berry et en Bourbonnais, le poirat est une version raffinée du pâté poivré aux poires, de vieille tradition. Selon la qualité des poires dont on disposait, on les faisait cuire ou non, avant de les sucrer, de les poivrer – le poivre donne beaucoup de saveur aux poires – et de les enfermer dans une pâte brisée.

Le poirat ne se prépare qu'avec des fruits crus, donc mûrs à point, qui auront été mis à macérer avec de l'alcool et du sucre. C'est sans doute pour cela qu'on l'appelle dans la région « pâté distin-

POUR 8 A 10 PERSONNES

Préparation : 30 min
Cuisson : 55 min

700 g de poires
450 g de pâte brisée
(recette p. 251)
75 g de sucre semoule
25 g d'amandes en poudre
60 g de sucre vergeoise
5 cl de Cognac
3 cuill. à soupe de crème
fraîche
1 pointe de couteau
de poivre
1 œuf pour la dorure

gué aux poires ». Selon la saison, vous le réaliserez avec des williams, des doyennés du comice ou des passe-crassane. Mais n'oubliez pas le poivre, il est indispensable.

Mélangez dans un bol la poudre d'amandes et une quantité égale de sucre semoule pour obtenir du tant-pour-tant.

Epluchez les poires, coupez-les en tranches épaisses et faites-les macérer 30 min avec le Cognac et le reste de sucre, dans lequel vous aurez mélangé le poivre. Egouttez-les en conservant le jus.

Beurrez et farinez un moule rectangulaire d'environ 22 cm de largeur et 31 cm de longueur à revêtement antiadhésif. Séparez la pâte en 2. Etalez 2 abaisses de 3 à 3,5 mm d'épaisseur et gardez-en une au réfrigérateur. Avec la première, garnissez le moule en laissant dépasser un peu de pâte au-dessus du bord. Etalez le tant-pour-tant dans le fond, puis disposez les poires et saupoudrez avec le sucre

vergeoise. Mouillez le tour et fermez le pâté en posant la seconde abaisse et en soudant les bords par pression du bout des doigts. Serrez les crêtes l'une contre l'autre entre le pouce et l'index puis dorez à l'œuf. Découpez un trou pour y glisser une cheminée de papier d'aluminium qui servira à évacuer la vapeur pendant la cuisson et laissez reposer 30 min au réfrigérateur.

Préchauffez le four à 220°C (th. 7).

Faites cuire 35 min à cette température puis encore 20 min en baissant à 180°C (th. 5/6).

A la sortie du four, délayez la crème fraîche avec le jus de macération des poires et versez petit à petit le mélange dans le gâteau par l'orifice de la cheminée. Laissez refroidir avant de servir.

Tarte aux Raisins Blancs de Saint-Pourçain

Photo page ci-contre

On fait du vin en Auvergne depuis fort longtemps, si l'on en juge par les grandes quantités de débris d'amphores retrouvés à Gergovie. Les Auvergnats assurent d'ailleurs que leur recette de coq au vin est la plus ancienne de France, antérieure à celle des Bourguignons.
Si les vins des côtes d'Auvergne sont un peu oubliés aujourd'hui malgré l'excellent Chanturgue de Clermont-Ferrand, le Saint-Pourçain, petite appellation de l'Allier, se porte très bien. A la saison des vendanges, on prépare dans tout le vignoble des tartes comme celle-ci avec le raisin bien mûr.
Le raisin de cuve est naturellement plus difficile à trouver que le

raisin de table, mais plus parfumé, craquant et acidulé, il apportera sa saveur rustique à cette tarte délicieuse.

Il est possible d'utiliser des grains de raisin congelés. Comme les cerises du clafoutis, il convient de les mettre sur la tarte encore congelés, juste avant de l'enfourner pour que la pâte commence à cuire avant que les raisins ne rendent leur jus.

POUR 4 A 5 PERSONNES

Préparation : 25 min
Temps de repos : 2 à 3 h
Cuisson : 45 min

200 g de pâte brisée
(recette p. 251)
180 g de grains de raisin
1 œuf

Pour la garniture :
50 cl de crème
fraîche épaisse
25 g de sucre vanillé
1 œuf entier

Abaissez la pâte à 3 ou 4 mm d'épaisseur. Foncez un moule ou un cercle à tarte de 18 cm de diamètre préalablement beurré et piquez le fond avec une fourchette. Laissez reposer 2 à 3 h au réfrigérateur.

Lavez les grains de raisin et séchez-les sur un torchon.

Préchauffez le four à 200°C (th. 6).

Recouvrez le fond de tarte d'un disque de papier sulfurisé de même diamètre et remplissez-le de noyaux de cerises ou de légumes secs.

Enfournez pendant 20 min, puis videz le fond de tarte. A l'aide d'un pinceau de cuisine, badigeonnez la pâte d'œuf battu et remettez à cuire encore 5 min.

Hors du four, disposez les grains de raisin sur la tarte.

Dans un grand bol, mélangez soigneusement la crème, le sucre vanillé et le second œuf battu. Versez l'appareil sur les raisins et laissez cuire 25 min, toujours à 200°C.

Servez bien frais.

TARTOUILLAS

POUR 4 A 6 PERSONNES

Préparation : 20 min
Cuisson : 25 min

10 feuilles d'un chou
bien pommé
100 g de brioche en
tranches ou de fougasse
rassie
2 pommes à cuire
(reinettes, calvilles)
100 g de beurre
50 g de sucre semoule

Pour le clafoutis :
25 cl de lait
10 cl de crème fraîche
4 œufs
100 g de sucre
20 g de sucre vanillé
5 cl de Calvados
1 pincée de sel

Photo page ci-contre

Voici un dessert original et charmant du Morvan et du Nivernais. Les tartouillas sont de petits clafoutis individuels, cuits dans une feuille de chou dont le goût sucré se marie très bien avec celui des fruits. La pâte elle-même, pâte à crêpe épaisse, est celle du clafoutis, de la flognarde, du millard ou du gargouillau, tous desserts semblables et qui ne se différencient que par les fruits qu'ils contiennent. Selon la saison et les disponibilités du moment, les tartouillas sont garnis de pommes, de poires ou de cerises.

Ces entremets se cuisaient traditionnellement dans le four du boulanger, après la dernière fournée, quand la température n'était plus trop élevée. Il faut utiliser des feuilles de chou prises dans la partie pommée pour qu'elles soient bien creuses et, avec un couteau bien aiguisé, enlever un peu d'épaisseur sur la face externe de la côte afin que la feuille de chou tienne droit. A la sortie du four, le bord de la feuille de chou se sera recroquevillé au-dessus de la pâte.

Versez le lait dans une casserole, portez à ébullition, puis arrêtez le feu. Ajoutez la crème fraîche.

Dans un saladier, fouettez les œufs avec 80 g de sucre et le sucre vanillé. Versez le lait en continuant de remuer et laissez refroidir. Ajoutez le Calvados.

Beurrez légèrement la brioche ou la fougasse et passez rapidement les tranches au gril pour les faire dorer. Coupez-les en petits dés. Epluchez les pommes et émincez-les.

Préchauffez le four à 220°C (th. 7).

Disposez les feuilles de chou dans un plat allant au four ou dans des petits moules individuels. Badigeonnez l'intérieur avec le beurre fondu et saupoudrez du sucre restant. Posez les lamelles de pommes au fond et versez la préparation dessus en répartissant l'appareil entre les 10 feuilles de chou. Posez les dés en brioche en surface et faites cuire pendant 25 min.

On trouve désormais des pommes toute l'année mais vous pouvez réaliser cette recette, tout comme le clafoutis, avec d'autres fruits.

ABRICOTS A LA BANVILLE

POUR 6 PERSONNES

Préparation et cuisson :
20 min
Temps de macération : 2 h

18 abricots frais
18 macarons d'Amiens
(recette p. 38)

Pour le sirop :
1 litre d'eau
600 g de sucre semoule
1/2 gousse de vanille

300 g de crème fleurette
25 g de sucre vanillé

Photo page ci-contre

Les abricots prospèrent dans le Bourbonnais, à tel point que quand il n'y a pas trop de gelées printanières, les fruits sont si abondants que les tartes et les confitures ne suffisent pas à absorber toute la récolte : il faut mettre en conserve une bonne partie de la production. Les pâtes de fruits auvergnates, très estimées aujourd'hui, sont une spécialité locale de fort ancienne réputation puisque le *Dictionnaire du commerce* de 1760 mentionne déjà les « pâtes d'abricot de Clermont ou de Riom en Auvergne » comme étant les meilleures.
Au XIXe siècle, le poète parnassien Théodore de Banville, bourbonnais d'origine, évoque dans ses *Mémoires* les abricots de son enfance. C'est pour lui rendre hommage que l'on a baptisé ainsi cet entremets délicat, qu'il faut réaliser avec des fruits frais, cuits à la maison, et non avec des abricots de conserve.

Choisissez des abricots à peine mûrs et bien sains. Incisez-les sur un côté, ôtez le noyau et mettez-les dans un saladier.

Préparez le sirop en portant à ébullition l'eau, le sucre et la gousse de vanille fendue en 2 dans le sens de la longueur, puis versez-le encore bouillant sur les fruits. Laissez macérer 2 h en veillant à ce que les abricots soient bien recouverts de liquide. Si nécessaire, enfoncez-les en plaçant sur la surface un couvercle plus petit que le saladier. Egouttez les abricots sur un papier absorbant.

Montez la crème fleurette en chantilly en lui ajoutant le sucre à la toute fin.

Répartissez les macarons sur un plat. Disposez sur chacun d'eux un abricot et décorez de chantilly.

Pour réaliser un dessert plus sophistiqué, vous pouvez disposer sur chaque macaron une boule de glace à la vanille avant de poser les demi-abricots. Servez accompagné d'un coulis de fraise ou de fraise des bois.

CORNETS DE MURAT

POUR 8 PERSONNES

Préparation : 40 min
Cuisson : 8 min

60 g de farine
80 g de beurre
2 cl d'huile d'arachide
2 blancs d'œufs
1 cuill. à café de jus de citron
1 pincée de sel
25 g de sucre semoule
50 g de sucre glace
35 cl de crème fleurette
30 g de sucre vanillé

Photo page ci-contre

Les cornets descendent en droite ligne des oublies, petits gâteaux semblables aux gaufres dont la fabrication remonte à l'Antiquité. Ce sont les Lyonnais qui eurent les premiers l'idée de rouler en cornet leurs oublies. Emboîtées les unes dans les autres, on les vendait par cinq, c'était une « main d'oublies ».
Fourrées de crème, les oublies devinrent cornets. Au XIXe siècle, à Paris, les pâtissiers les faisaient en feuilletage afin d'utiliser les chutes de pâte. On tournait des bandes de feuilletage sur un cornet en bois ou en fer-blanc avant de les cuire et de les garnir de crème pâtissière ou de crème Chiboust.
En Auvergne, on prépare les cornets de Murat avec de la pâte à langue de chat garnie de chantilly. Traditionnellement, on les sert bien frais avec le café.

Faites fondre le beurre avec l'huile puis laissez-le refroidir tout en le conservant liquide.
Préchauffez le four à 180°C (th. 5/6).
Beurrez la plaque ou recouvrez-la d'un papier sulfurisé.
Dans un saladier, mélangez la farine tamisée et le sucre glace. Versez le beurre fondu en remuant avec une spatule en bois jusqu'à l'obtention d'une masse homogène. Montez les blancs en neige ferme en ajoutant le jus de citron et le sel, 25 g de sucre juste avant d'arrêter de battre puis incorporez-les délicatement à la pâte à l'aide d'une spatule en bois.
Préchauffez le four à 180°C (th. 5/6).

Dressez des cercles de 7 à 8 cm de diamètre et 3 à 4 mm d'épaisseur – en étalant des petits paquets de pâte à la spatule – et faites cuire pendant 8 min.
Dès la sortie du four, posez rapidement chaque disque sur un petit verre retourné en appuyant légèrement dessus avec une tasse retournée. Ils vont refroidir en prenant la forme de cornets.
Fouettez la crème fleurette en chantilly, en ajoutant le sucre vanillé vers la fin. Au dernier moment, garnissez les petits cônes à l'aide d'une poche à douille cannelée. Ne le faites surtout pas à l'avance, cela détremperait rapidement la pâte.
Non garnis, les cornets se conservent bien dans un endroit sec.

CREUSOIS

POUR 4 A 6 PERSONNES

Préparation : 20 min
Cuisson : 30 à 35 min

250 g de noisettes
en poudre
100 g de sucre
110 g de beurre
50 g de farine
4 blancs d'œufs
5 g de levure chimique
1 cuill. à café de jus
de citron
1 pincée de sel
Sucre glace

*L*es noisettes sont bien présentes dans la cuisine et la pâtisserie du centre de la France. Ces offrandes de la nature ont beaucoup compté dans une région qui fut longtemps pauvre. Ainsi les croquets, ces petits gâteaux secs que l'on prépare aux amandes dans de nombreuses régions de France, sont-ils réalisés dans le Centre avec des noisettes, dans le Limousin en particulier. Au siècle dernier, on trouvait la recette du bourbonnais aux avelines, petit four semblable au croquet, mais fourré d'une grosse noisette (aveline). Enfin, la liqueur de noisette, élaborée dans toute l'Auvergne, servait à accompagner les desserts comme ce creusois, spécialité de la région d'Aubusson.

Beurrez un moule à manqué de 24 cm de diamètre.

Battez les blancs d'œufs additionnés de jus de citron et de sel en neige très ferme, en les soutenant avec 20 g de sucre à mi-parcours et à nouveau avec 20 g à la fin. Faites fondre le beurre au bain-marie.

Dans un saladier, mélangez la poudre de noisettes, la farine tamisée délicatement avec la levure et le reste de sucre.

Incorporez les blancs battus à l'aide d'une spatule en prenant soin de ne pas faire retomber le mélange. Puis versez le beurre fondu en continuant à remuer doucement pour obtenir une masse homogène.

Préchauffez le four à 180°C (th. 5/6).

Versez délicatement la pâte dans le moule et faites cuire 30 à 35 min.

Lorsque le gâteau est refroidi, saupoudrez-le de sucre glace et servez-le accompagné d'une gelée de groseille.

CRAQUELINS

*A*l'origine, les craquelins étaient des échaudés, c'est-à-dire des petits gâteaux cuits à l'eau bouillante avant d'être égouttés et passés au four. Pâtisseries traditionnelles de plusieurs provinces, ils ont longtemps été vendus dans la rue comme les gaufres et les bugnes, surtout dans l'Ouest et dans le centre de la France.
Les noisettes, la confiture de framboises et les pralines roses des craquelins de l'excellent Charlou Reynal, à Brive, nous éloignent un peu des recettes originelles ; mais ce délicieux dessert d'un chef amoureux de sa région prouve que la vraie cuisine de terroir est avant tout vivante.

POUR 40 PIÈCES
ENVIRON

Préparation : 15 min
la veille pour la pâte
+ 30 min
Temps de repos : 1 h
Cuisson : 2 h

Pour la pâte Linzer :
120 g de beurre
120 g de farine
90 g de sucre semoule
90 g de poudre de noisettes
1 cuill. à café rase
de cannelle

120 g de confiture
de framboises
120 g de compote
de pommes
3 blancs d'œufs
75 g de sucre semoule
75 g de sucre glace
30 g de sucre vanillé
1/2 cuill. à café
de jus de citron
1 pincée de sel
40 pralines roses concassées

Préparez la pâte Linzer la veille. Mélangez la poudre de noisettes, la cannelle et la farine, puis faites une fontaine pour y mettre le beurre et le sucre. Pétrissez du bout des doigts le moins longtemps possible et cessez dès que le mélange est homogène. Terminez en fraisant la pâte 4 à 5 fois (poussez-la sous la paume de la main) et rassemblez-la en boule.

Recouvrez-la d'un film de plastique et gardez-la au réfrigérateur pendant 24 h.

Le lendemain, travaillez brièvement la pâte au moment de l'utiliser. Abaissez-la à 5 ou 6 mm d'épaisseur sur le plan de travail légèrement fariné puis découpez des disques de 5 cm de diamètre à l'aide d'un emporte-pièce cannelé.

Posez ces disques sur la plaque du four recouverte de papier sulfurisé et laissez reposer 1 h au réfrigérateur.

Préchauffez le four à 180°C (th. 5/6).

Faites cuire 12 à 15 min puis sortez la plaque du four et baissez la température à 110°C (th. 1/2).

Mélangez la compote et la confiture de framboises et remplissez-en une poche à douille de 10 mm de diamètre. Lorsque les biscuits sont refroidis, posez au centre de chacun d'eux une petite masse du mélange compote-confiture.

Préparez ensuite la meringue. Montez les blancs, additionnés de jus de citron et d'une pincée de sel, en neige ferme. A mi-parcours, soutenez-les avec 20 g de sucre semoule et à la fin incorporez les sucres glace, semoule et vanillé.

Sans attendre, déposez sur chaque craquelin avec une poche à douille de 15 mm de diamètre une boule de meringue qui recouvrira la confiture.

Parsemez de pralines concassées et mettez à cuire à 110°C (th. 1/2) pendant 1 h 45.

Dans une boîte hermétique, vous conserverez ces craquelins plusieurs jours.

MASSEPAINS D'ISSOUDUN

POUR 300 G
DE MASSEPAINS

125 g d'amandes douces
125 g de sucre semoule
3 ou 4 amandes amères
30 g de sucre glace
1 cuill. à soupe de zeste
d'orange
1 cuill. à café de zeste
de citron
1/4 de gousse de vanille
Quelques gouttes d'eau
de fleur d'oranger

Pour la glace royale :
1/2 blanc d'œuf
125 g de sucre glace
3 gouttes de jus de citron

Photo page ci-contre

Très différent du massepain léger, proche du biscuit de Savoie, que l'on prépare dans le Périgord et dans le Midi toulousain, le massepain aux amandes aurait été inventé par les ursulines d'Issoudun il y a fort longtemps, puisqu'on en trouve déjà la recette dans *Le Confiturier royal* du XVIIe siècle. Après la Révolution, les sœurs durent ouvrir une pâtisserie en ville pour vendre leurs gâteaux, mais leur succès ne se démentit pas et dépassa même le cadre de la réalité pour s'inscrire dans la fiction : dans *La Rabouilleuse*, Balzac évoque les massepains d'Issoudun.

Mettez les amandes, les zestes et la gousse de vanille grattée dans un bol mélangeur ou un robot. Broyez-les une quinzaine de secondes pour les hacher (comme du poivre concassé), puis continuez en mouillant avec un peu d'eau froide (1 ou 2 cuillerées à soupe) jusqu'à l'obtention d'une pâte fine assez ferme. Ajoutez l'eau de fleur d'oranger.

Mélangez cette pâte à feu très doux en remuant sans arrêt avec une cuillère en bois car l'ensemble attache très vite. Continuez de travailler la pâte à la main sur votre plan de travail en incorporant peu à peu le sucre glace.

Garnissez la plaque du four d'un papier sulfurisé.

Abaissez la pâte sur une épaisseur de 2 cm. Découpez des pièces rondes ou carrées de 15 g environ et rangez-les sur la plaque.

Préparez la glace royale. Avec une spatule, mélangez dans un bol le blanc d'œuf et le sucre glace. Remuez environ 2 min et ajoutez le jus de citron à la fin. Étalez-la au pinceau sur les massepains.

Faites sécher au four à chaleur douce (th. 1/2) pendant 1 h.

BOURGOGNE,
DAUPHINÉ, SAVOIE

GATEAU AUX NOIX
DE GRENOBLE

POUR 8 A 10 PERSONNES

Préparation : 20 min
Cuisson : 1 h 10 à 1 h 15

125 g de beurre
200 g de sucre glace
150 g de farine
100 g de cerneaux
de noix hachés
3 œufs
4 cl de lait
20 g de cacao en poudre
5 g de levure chimique
1 cuill. à café de zeste de
citron haché

Photo page ci-contre

C'est dans le Grésivaudan que les Romains introduisirent les premiers noyers en France, au IVe siècle. Eux-mêmes tenaient ces arbres des Grecs, qui les avaient rapportés de Perse. Les fruits de Savoie et du Dauphiné furent d'abord réputés pour l'huile qu'on en tirait et qui était considérée comme la meilleure du pays.

Les vergers de noyers sont concentrés aujourd'hui dans le Périgord et dans le Dauphiné, autour de Grenoble. Avec le raisin de Moissac, la noix de Grenoble est le seul fruit qui soit protégé par une appellation contrôlée.

Outre les gâteaux et les tartes aux noix, parfois parfumés au chocolat, les noix farcies de pâte d'amandes sont une spécialité renommée du Dauphiné. Les meilleurs gâteaux aux noix qu'il m'ait été donné de manger venaient de chez Paul Koeberlé, qui fait aussi d'admirables tartes aux pralines roses dans sa belle pâtisserie de Villars-les-Dombes.

Avec les fruits verts, on prépare dans le Dauphiné des vins de noix auxquels on prête des vertus reconstituantes.

Travaillez le beurre en pommade avec une spatule en bois puis ajoutez le sucre glace, un œuf entier et un jaune en mélangeant bien.

Incorporez d'abord le 1/4 de la farine tamisée avec la levure, puis successivement le reste des œufs et de la farine en continuant de remuer.

Séparez la pâte en 2 en prélevant 200 g de l'ensemble que vous mettez dans un récipient à part. Parfumez-la au chocolat en y versant le cacao dissous dans le lait. Mélangez et ajoutez 40 g de noix hachées.

Incorporez le reste des noix et le zeste de citron à l'autre part de pâte.

Préchauffez le four à 240°C (th. 8).

Beurrez légèrement un moule à cake d'environ 18 cm de long et garnissez-le de papier sulfurisé en le laissant légèrement dépasser des bords. Versez la pâte (ou couchez-la avec une poche à grosse douille) en alternant des couches de pâte au citron ou au chocolat.

Enfournez et baissez aussitôt la température du four à 180°C (th. 5/6). Faites cuire 1 h 10 à 1 h 15. Le gâteau est prêt quand une lame de couteau piquée à l'intérieur ressort sèche.

Démoulez le gâteau encore tiède. On peut le servir arrosé de rhum.

Je vous conseille d'accompagner ce gâteau d'un excellent vin de noix bien frais.

GALETTE PEROUGIENNE

POUR 6 A 8 PERSONNES

Préparation : 15 min
Temps de repos : 2 h
Cuisson : 6 à 8 min

200 g de farine
250 g de beurre
100 g de sucre semoule
2 œufs
(dont 1 pour la dorure)
Le zeste d'un citron
10 g de levure
de boulanger
2 cl d'eau
1 pincée de sel

*D*ans le Bugey, le village de Pérouges a gardé son caractère médiéval... et sa célèbre recette de galette, un des desserts classiques de la région. Comparée aux gâteaux au beurre courants, comme la galette de ménage ou la galette de plomb, la recette de Pérouges a l'avantage d'être beaucoup plus légère, puisque la pâte est briochée.

Pour réussir cette galette, il faut bien veiller à étendre la pâte finement. Les noisettes de beurre disposées à la surface du gâteau feront alors lever celui-ci irrégulièrement à la cuisson, lui donnant un aspect boursouflé et une couleur fort appétissants.

Traditionnellement, la galette pérougienne se sert tiède avec de la crème fraîche.

Délayez la levure dans l'eau tiédie. Hachez finement le zeste de citron.

Malaxez 150 g de beurre ramolli, de préférence dans un bol mélangeur, avec un œuf, le zeste de citron, 50 g de sucre et le sel. Versez alors la levure délayée et ajoutez petit à petit la farine en continuant de pétrir. La pâte est prête quand elle ne colle plus aux doigts. Couvrez-la d'un linge et laissez-la lever 2 h à température ambiante.

Préchauffez le four à 250°C (th. 9/10). Beurrez la plaque.

Abaissez la pâte en lui donnant une forme circulaire aussi grande que le permet la plaque du four. Formez un bourrelet tout autour en repliant, sur 1 cm de large, le bord de la pâte vers l'intérieur. Saupoudrez le reste de sucre et répartissez le beurre en petites noisettes sur la surface.

Dorez la bordure à l'œuf. Enfournez pour 6 à 8 min et surveillez. La galette est cuite quand elle a pris une belle couleur dorée.

Servez-la tiède.

GATEAU DE COURGE

*G*iraumons et potirons sont cultivés dans le Midi mais consommés un peu partout en France, même dans le Nord, où la tarte aux oignons et à la citrouille est très populaire. Les préparations à base de courge sont plus spécifiques du Sud-Est, et le gâteau de courge est une recette des mères lyonnaises, attentives à tirer parti des plus humbles légumes du potager.

Le potiron à la chair jaune et sucrée convient pourtant mieux pour préparer les desserts sucrés. C'est un légume très décoratif, mais, acheté entier, il est la plupart du temps trop gros pour que l'on puisse en venir à bout. Certains potirons peuvent peser jusqu'à 100 kg ! Il est préférable d'en acheter des tranches coupées dans un légume de couleur orangée bien franche. Le cousin du potiron, le giraumon ou « bonnet turc », de taille plus modeste, se prépare de la même manière.

POUR 6 PERSONNES

Préparation : 45 min
Cuisson : 30 min

500 g de chair de potiron
100 g de sucre semoule
50 cl de lait
2 œufs
2 jaunes d'œufs
20 g de sucre vanillé

Epluchez le potiron et coupez-le en petits cubes. Plongez-le 4 à 5 min dans une casserole d'eau bouillante très légèrement salée puis égouttez-le pendant une quinzaine de minutes dans une passoire. Mettez-le ensuite dans un torchon que vous tordrez pour en extraire l'eau.

Versez le lait dans une casserole avec 30 g de sucre et le sucre vanillé. Portez à ébullition, ajoutez la pulpe de potiron et laissez mijoter à feu doux 25 à 30 min en remuant de temps en temps.

Pendant ce temps, fouettez dans un saladier les jaunes d'œufs, les œufs entiers et le reste du sucre jusqu'à ce que le mélange blanchisse.

Retirez la casserole du feu. Passez le lait et le potiron au mixer pour obtenir un appareil bien lisse et versez-le encore chaud sur les œufs et le sucre en remuant.

Préchauffez le four à 180°C (th. 5/6).

Beurrez une tourtière ou un plat à gratin d'environ 22 cm de diamètre ou de côté. Versez-y le mélange et faites cuire au bain-marie pendant 30 min. Le gâteau est prêt quand la lame d'un couteau que vous y plantez ressort sèche.

Servez tiède ou froid dans le plat de cuisson.

BUGNES LYONNAISES

De tous les beignets que l'on prépare un peu partout en France, et que l'on nomme merveilles, bignons, bottereaux, roussettes, oreilles, etc., les bugnes sont probablement les plus anciens, puisqu'elles seraient apparues à Lyon au XVIe siècle. A l'époque, il s'agissait de friandises parfumées à l'eau de rose qui ne contenaient ni beurre ni œufs et que l'on pouvait donc consommer pendant le carême. Elles étaient si légères, raconte Félix Benoit dans son excellente *Cuisine lyonnaise*, que l'on avait coutume de dire d'un pieux Lyonnais sur son lit de mort : « Pour sûr qu'il ira au ciel droit comme une bugne. »
Les bugnes étaient débitées dans la rue en quantités énormes par les friteurs, qui ajoutaient fréquemment d'autres spécialités à leur étal, régalant les chalands d'escargots, de grenouilles et de petits poissons. Peu à peu enrichies d'œufs puis de beurre, elles perdirent leur caractère de gâteaux de carême, et, en 1873, le diocèse de Lyon entérina une situation de fait en autorisant à manger gras jusqu'au Mercredi saint.

POUR 8 PERSONNES

Préparation : 45 min
Temps de repos : 12 h
Cuisson : 5 min

500 g de farine
75 g de sucre
125 g de beurre
5 œufs
5 g de sel
5 g de levure de boulanger
1 zeste de citron râpé
1 petit verre de rhum
Sucre glace

Photo pages suivantes

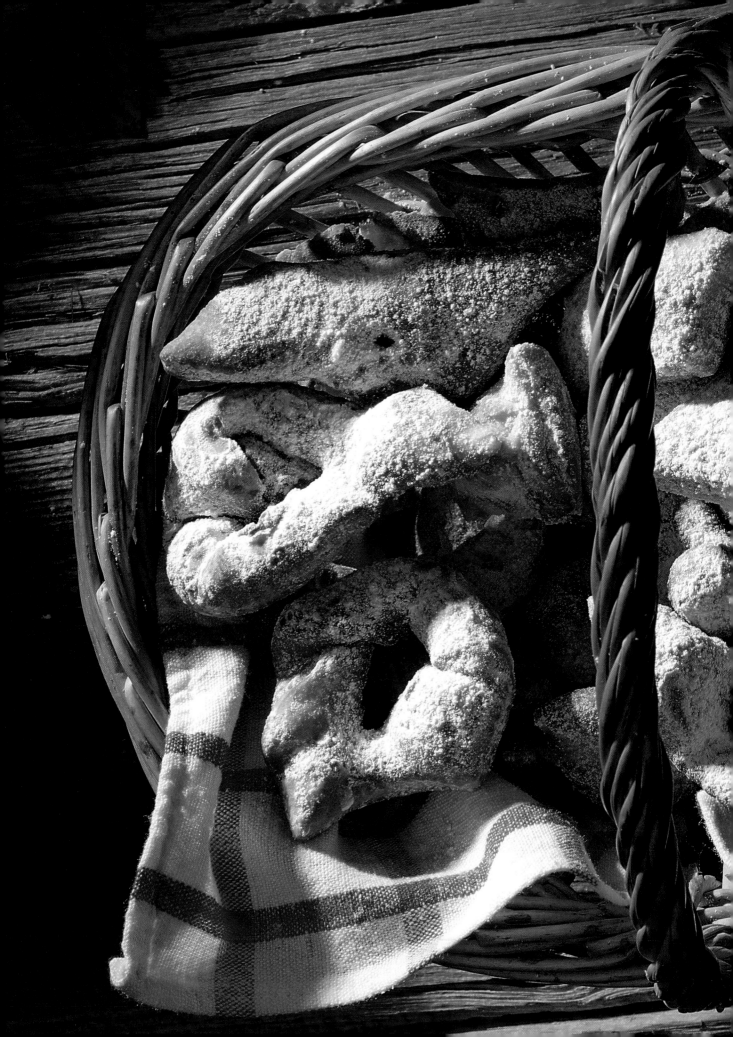

Faites ramollir le beurre à température ambiante et délayez la levure avec un peu d'eau tiède.

Sur le plan de travail, tamisez la farine et disposez-la en fontaine. Incorporez successivement tous les ingrédients en remuant, puis travaillez la pâte jusqu'à ce qu'elle se décolle bien des mains et s'étire facilement. Laissez-la lever 1 h 30 à température ambiante, rompez-la 2 fois à la main. Couvrez-la avec un linge et mettez-la à reposer pour la durée de la nuit au réfrigérateur.

Le lendemain, étalez la pâte au rouleau aussi finement que possible et découpez-la en petits rectangles de 8 à 10 cm.

Plongez ces rectangles les uns après les autres dans une friture bien chaude en les retournant à l'aide d'une écumoire pour les dorer des 2 côtés. Lorsqu'ils sont bien colorés, égouttez-les sur un papier absorbant puis saupoudrez de sucre glace et servez aussitôt.

BISCUIT DE SAVOIE

POUR 8 PERSONNES

Préparation : 15 min
Cuisson : 30 à 35 min

125 g de sucre semoule
50 g de farine
50 g de fécule
4 œufs
40 g de beurre
50 g d'amandes effilées
(facultatif)
3 g de zeste de citron
1 cuill. à café
de jus de citron
1 pincée de sel
20 g de sucre

Le gâteau de Savoie est apparu en France sous la Renaissance, vraisemblablement sous l'influence des cuisiniers italiens de Catherine de Médicis. La génoise, assez proche du biscuit de Savoie, date d'ailleurs de cette époque. Les deux préparations ne diffèrent que par le fait que les œufs sont battus entiers dans la génoise, tandis que blancs et jaunes sont battus séparément dans le biscuit de Savoie.
Ce gâteau très léger a rapidement connu un succès considérable. Au XIXᵉ siècle, on trouve déjà mention du biscuit de Savoie « ordinaire », du biscuit de Savoie « fin » et du biscuit de Savoie... « parisien ». Il sert de base à de nombreuses pâtisseries, mais les enfants s'en régalent nature ou simplement accompagné de compote ou de confiture, au petit déjeuner ou au retour de l'école.
Le biscuit de Savoie se conserve plusieurs jours dans une boîte métallique bien fermée. Rassis, il peut être utilisé pour préparer des charlottes ou des entremets comme les poires à la savoyarde (recette p. 145).

Séparez les jaunes des blancs d'œufs. Faites fondre le beurre et laissez-le tiédir.

Fouettez les jaunes et le sucre à vitesse moyenne au batteur électrique pendant 5 min environ puis ajoutez la farine, la fécule et le zeste de citron finement haché. Mélangez délicatement avec une spatule souple.

Battez les blancs additionnés d'une pincée de sel et du jus de citron en neige très ferme – la parfaite réussite du gâteau en dépend – en saupoudrant 20 g de sucre lorsqu'ils commencent à prendre. Incorporez-les délicatement aux jaunes en même temps que le beurre fondu.

Préchauffez le four à 180°C (th. 5/6). Beurrez et farinez un moule à manqué ou à brioche de 24 cm de diamètre et, si vous le souhaitez, parsemez le fond avec les amandes effilées.

Pour obtenir un gâteau bien lisse, vous pouvez cirer le moule comme pour les cannelets girondins (voir p. 208).

Versez immédiatement le mélange

qui ne doit surtout pas attendre et faites cuire 30 à 35 min.

Démoulez le gâteau encore tiède et servez-le accompagné d'une sauce à la vanille ou au chocolat, de confiture de myrtilles ou d'un coulis de groseille.

PÊCHES AU FROMAGE BLANC

*L*es Lyonnais dégustent le plus souvent leur fromage blanc assaisonné de sel, de poivre et de fines herbes : c'est la fameuse « cervelle de canut ». Ils ne dédaignent cependant pas de le sucrer et de l'agrémenter de crème fraîche.
Dans le Mâconnais, on garnit de fromage sucré des tartes, les « corniottes », gâteaux traditionnels de l'Ascension, ainsi nommés parce que les bords de la pâte sont relevés pour former trois cornes. En Bresse, les pêches au fromage blanc sont un dessert d'été traditionnel.
On peut utiliser toutes sortes de pêches pour réaliser cet entremets : des fruits jaunes à chair ferme ou de petites pêches blanches. Les plus savoureuses sont les pêches de vigne, ainsi nommées parce que provenant d'arbres plantés au bout des rangs de vignes : les pêchers profitent ainsi du labour et du fumage de la vigne.

POUR 8 PERSONNES

Préparation : 30 min
Cuisson : environ 15 min

6 belles pêches
50 cl d'eau
350 g de sucre
400 g de fromage blanc
150 g de crème fleurette
10 g de sucre vanillé
200 g de gelée de groseille

Pour le décor :
Quelques grappes de groseilles
Quelques feuilles de menthe fraîche

Faites chauffer 200 g de sucre et l'eau. Laissez bouillir ce sirop 5 min.

Epluchez les pêches et coupez-les en 2. Faites-les pocher 15 min à petits frémissements dans le sirop puis laissez refroidir et égouttez. Conservez 10 cl du sirop, délayez-le avec la gelée de groseille et laissez tiédir le coulis ainsi obtenu.

Mettez le fromage blanc dans une jatte puis versez le reste du sucre en remuant avec une spatule en bois.

Dans un autre récipient, fouettez la crème fleurette en chantilly avec le sucre vanillé. Enfin, mélangez délicatement les deux préparations.

Coupez 4 des 1/2 pêches en petits dés et incorporez-les au mélange fromage-crème.

Mettez dans chaque assiette un petit dôme de crème. Disposez en spirale une 1/2 pêche préalablement émincée et nappez du coulis de groseille. Décorez de quelques grappes de groseilles et d'une feuille de menthe fraîche.

Vous pouvez également servir ce dessert dans des coupes individuelles que vous remplirez de crème et décorerez avec la 1/2 pêche. Nappez de coulis et décorez de la même manière.

POIRES AU VIN

et entremets est-il d'origine lyonnaise ou bourguignonne ? Il semble aussi prisé dans les deux provinces, mais les Lyonnais cuisent leurs poires dans du Beaujolais, tandis que plus au nord on utilise du Bourgogne, auquel on ajoute parfois de la crème de cassis.

Naguère, on préparait au vin les fruits à cuire, c'est-à-dire les poires « de curé », fermes, de petite taille et dont la chair tenait bien à la cuisson (qui durait une bonne demi-heure). On n'épluchait pas les fruits et on les servait entiers, souvent accompagnés de bugnes à Lyon. Les poires à cuire se font rares car les variétés de table les ont largement supplantées dans les vergers. On les remplacera donc par des fruits qui supportent bien la cuisson : des williams, par exemple, auxquelles on peut laisser la peau, des conférences ou passe-crassane, qu'il faudra éplucher et couper en deux, voire en quatre.

Ce dessert doit être préparé la veille du jour où vous souhaitez le servir.

Epluchez les poires en les laissant entières et en gardant les queues. Evidez légèrement l'intérieur pour faciliter la cuisson.

Versez le vin dans une casserole avec le sucre, la crème de cassis, la cannelle, les clous de girofle et les tranches d'agrumes. Portez à ébullition puis baissez le feu. Mettez les poires à pocher une quinzaine de minutes à très légers frémissements en couvrant la casserole et en s'assurant de la fermeté de la chair avec la pointe d'un couteau. Arrêtez le feu, prélevez 50 cl de jus de cuisson pour préparer le coulis et laissez macérer les poires dans le reste du jus de cuisson jusqu'au lendemain.

Si votre cassis est en grains, réduisez-le en purée au mixer. Mélangez-le au jus de cuisson et au sucre, délayez la Maïzena et portez à ébullition. Laissez frémir environ 15 s et passez au chinois. Gardez au réfrigérateur jusqu'à l'utilisation.

Egouttez les poires un peu avant de dresser les assiettes.

Coupez-les en 2, puis en lamelles jusqu'à 2 cm environ de la queue. Nappez le fond des assiettes de coulis de cassis et disposez les demi-poires en éventail.

Décorez selon votre fantaisie à l'aide d'un cornet rempli de crème fraîche et servez.

Vous pouvez plus simplement laisser les poires entières et les servir dans un grand plat creux, nappées du jus au cassis.

POUR 6 PERSONNES

Préparation : 25 min
Temps de macération : 12 h
Cuisson : environ 15 min

6 poires pas trop mûres
75 cl de Beaujolais ou de
Bourgogne jeune
100 g de sucre
2,5 cl de crème de cassis
2 pincées de cannelle
2 clous de girofle
2 quartiers de citron
non pelés
2 quartiers d'orange
non pelés

Pour le nappage :
120 g de cassis
(on peut utiliser du cassis
congelé) ou de purée
de cassis
20 g de sucre
10 g de Maïzena

Pour le décor :
20 cl de crème fraîche
épaisse

Photo page ci-contre

PETS-DE-NONNE

POUR 4 A 6 PERSONNES

Préparation : 15 min
Cuisson : 10 min

25 cl de lait
125 g de farine
50 g de beurre
1 pincée de sel (5 g)
2 pincées de sucre (10 g)
4 œufs
40 g de sucre vanillé
1 cuill. à soupe 1/2 d'eau de
fleur d'oranger
2 g de zeste d'orange
2 l d'huile de friture

Photo page ci-contre

*P*lusieurs provinces revendiquent la paternité des pets-de-nonne. Naturellement, ce petit beignet soufflé vient d'une abbaye, mais se situait-elle en Franche-Comté, en Auvergne, en Dauphiné ou en Touraine ? Dans *La France gourmande*, Fulbert Dumonteil affirme qu'il serait né en Touraine à l'abbaye de Marmoutiers. De leur côté, les Savoyards font des pets-de-nonne de Chamonix, et les Comtois assurent que seuls ceux de Baume-les-Dames sont authentiques...
Quoi qu'il en soit, il est à peu près certain que ce gâteau est né d'une erreur, comme bien d'autres recettes. Une boule de pâte à choux destinée à être cuite au four tombe accidentellement dans un bain de friture chaude et voilà notre pet-de-nonne, doré et gonflé à souhait. Est-ce vraiment une jeune novice qui fit la faute ? Pudiquement, on a appelé également le beignet soupir-de-nonne, mais c'est sa première dénomination qui lui est restée.

Elaborez la pâte, très proche de la simple pâte à choux, mais plus ferme et parfumée.

Mettez le lait dans une casserole avec le sucre, le sel et le beurre. Portez à ébullition puis, hors du feu, ajoutez la farine en remuant à l'aide d'un fouet.

Remettez la casserole 2 à 3 min sur le feu pour faire dessécher la pâte et continuez à remuer avec une spatule en bois. Elle doit bien se détacher de la casserole. Retirez-la alors du feu et incorporez un à un les 4 œufs entiers en remuant énergiquement pour obtenir une pâte lisse et souple, pas trop ferme. Ajoutez enfin l'eau de fleur d'oranger et le zeste d'orange finement haché.

Faites chauffer la friture.

A l'aide d'une cuillère à café, laissez glisser des petites boules de pâte de la taille d'une noix dans l'huile très chaude. Les choux vont gonfler et se retourner spontanément à mi-cuisson (sinon faites-le avec une écumoire).

Lorsqu'ils sont uniformément dorés, égouttez-les et posez-les sur un papier absorbant.
Saupoudrez de sucre vanillé et servez bien chaud.

PROVENCE, CORSE

COLOMBIER

POUR 6 PERSONNES

Préparation : 30 min
Cuisson : 20 min

Pour la pâte d'amandes :
125 g d'amandes en poudre
125 g de sucre glace
1 petit blanc d'œuf

3 petits œufs
30 g de farine tamisée
60 g de beurre
100 g de fruits confits
100 g d'écorce
d'orange confite

Pour le glaçage :
100 g de sucre glace
3 gouttes de rhum
100 g d'amandes effilées

Photo page ci-contre

La colombe de porcelaine qu'on enferme dans cette pâtisserie avant de la cuire lui a donné son nom. Elle était promesse de mariage pour celui qui la trouverait : « Qui la colombera, dans l'année se mariera. »
Initialement à base d'amandes et de melon confit, le colombier est souvent élaboré avec d'autres fruits confits. A Marseille, une tradition récente l'associe à la fête de la Pentecôte.

Préparez la pâte d'amandes. Mélangez bien la poudre d'amandes et le sucre glace. Ajoutez le blanc d'œuf et travaillez à la spatule jusqu'à l'obtention d'une pâte lisse.

Faites fondre le beurre et laissez-le refroidir.

Préchauffez le four à 200°C (th. 6).

Dans un bol, travaillez 200 g de pâte d'amandes au batteur à petite vitesse. Puis, à vitesse moyenne, incorporez les œufs l'un après l'autre en laissant l'appareil monter après chaque œuf. L'ensemble de ces opérations prend environ 15 min.

En remuant à la spatule, incorporez la farine en une seule fois, puis le beurre refroidi.

Beurrez largement les bords verticaux d'un moule à génoise de 23 cm de diamètre et fixez dans le fond par 4 points de beurre un cercle de papier sulfurisé de même diamètre.

Versez la pâte dans le moule qui doit être rempli aux 3/4.

Hachez finement l'écorce d'orange et les fruits confits, puis étalez-les à la surface de la pâte.

Mettez à four chaud (220°C, th. 6-7) pendant 10 min puis baissez la température à 180°C (th. 5/6) et laissez cuire encore 10 min en surveillant la coloration.

Démoulez délicatement le colombier, qui est un gâteau fragile, en le retournant doucement, une fois refroidi, sur une assiette plate posée sur le moule.

Préparez le glaçage en mélangeant simplement le sucre glace avec le rhum et 2 cuillerées à soupe d'eau. Nappez-en le bord et la surface avec une palette et parsemez d'amandes avant de servir.

BRAS DE VENUS

Plusieurs provinces françaises ont ainsi baptisé le traditionnel gâteau roulé. En pays catalan, il se nomme « bras de gitan », et on le garnit de purée de marrons, de chocolat ou de confiture.
On peut le confectionner en pâte à biscuit, très légère parce que les

POUR 10 PERSONNES

Préparation : 30 min
Cuisson : 7 min environ

Pour le biscuit :
75 g de sucre semoule
75 g de farine
25 g de beurre
3 blancs d'œufs
4 jaunes d'œufs
1 cuill. à café de jus
de citron
1 pincée de sel

Pour la crème :
25 cl de lait
3 jaunes d'œufs
80 g de sucre semoule
15 g de Maïzena
15 g de farine
Le jus d'un 1/2 citron
1 zeste de citron
finement râpé
5 g de sucre vanillé

Pour le sirop :
100 g de sucre semoule
1,5 dl d'eau
Un filet de jus de citron

Pour le décor :
Confiture d'abricots
Amandes effilées

blancs d'œufs sont battus séparément, ou en génoise, pâtisserie italienne, très fréquemment utilisée en Provence, pour laquelle les œufs sont alors travaillés entiers. Mais les goûts des deux gâteaux sont si proches qu'on utilise indifféremment l'un ou l'autre. Il reste à fourrer le gâteau avant de le rouler... En Provence, le citron parfume tout naturellement la crème pâtissière que l'on utilise ici.

Préchauffez le four à 240°C (th. 8). Recouvrez la plaque d'une feuille de papier sulfurisé beurré.

Faites fondre le beurre. Dans un saladier, travaillez les jaunes d'œufs et le sucre au fouet jusqu'à ce que le mélange blanchisse puis incorporez la farine à la spatule.

Montez les blancs additionnés de sel et de jus de citron en neige ferme, en ajoutant une cuillerée à café de sucre à mi-parcours. Versez-les en même temps que le beurre fondu sur le premier mélange et amalgamez le tout délicatement.

Etalez la pâte sur la feuille beurrée aussi uniformément que possible sur une épaisseur d'environ 1,5 cm.

Faites cuire environ 7 min à 240°C (th. 8) puis, dès sa sortie du four, retournez le biscuit sur le plan de travail et décollez le papier avant de laisser refroidir.

Préparez la crème pâtissière au citron. Faites bouillir le lait avec 20 g de sucre, le sucre vanillé et le zeste

de citron. Dans un bol, fouettez vivement les jaunes et le reste du sucre jusqu'à ce que le mélange blanchisse, puis ajoutez la farine et la Maïzena sans les travailler. Versez le lait bouillant sur le mélange sans cesser de remuer, remettez sur le feu et laissez bouillir la crème 1 ou 2 min en fouettant énergiquement contre le fond de la casserole pour qu'elle n'attache pas. Hors du feu, ajoutez le jus de citron et laissez refroidir.

Faites un sirop en faisant bouillir l'eau et le sucre. Lorsqu'il est tiède, ajoutez le jus de citron puis, avec un pinceau, imbibez le biscuit avant de le garnir.

Etalez régulièrement la crème au citron à l'aide d'une palette et roulez le biscuit bien serré. Gardez-le 2 h au réfrigérateur avant d'étaler dessus une légère couche de confiture d'abricots tout autour. Parsemez d'amandes effilées et servez en tranches, éventuellement avec un coulis d'abricot ou de framboise, ou encore avec une crème anglaise à la vanille.

BEIGNETS AU BROCCIU

La Corse a adopté un certain nombre de traditions culinaires du continent mais a su conserver ses recettes bien spécifiques à base de produits locaux. Les beignets s'y nomment « fritelle » et sont de toutes les fêtes familiales : mariages, baptêmes ou communions. Ils sont confectionnés, surtout dans la région de Corte, avec du *brocciu* – la brousse provençale –, le plus célèbre des fromages corses.
Elaboré dans les régions de montagne à partir de lait de chèvre ou

de brebis, on le consomme frais pendant quarante-huit heures. C'est pour retrouver le goût du *brocciu* frais que la mère de Napoléon fit venir des chèvres de l'île jusqu'au château de Malmaison où elle résidait ; mais les herbages du continent diffèrent de ceux du maquis corse, et elle ne trouva jamais à ce *brocciu* « exilé » la saveur de l'original. Le *brocciu* est ensuite salé puis séché, mais on l'utilise plutôt frais dans les pâtisseries insulaires.

POUR 4 PERSONNES

Préparation : 30 min
Temps de repos : 12 h
Cuisson : 5 min

250 g de pâte à bugne
(recette p. 131)
2,5 cl d'eau-de-vie
200 g de *brocciu* frais ou de
fromage de brebis frais
150 g de sucre semoule

La veille, préparez une pâte à bugne mais en y ajoutant l'eau-de-vie. Laissez-la reposer pendant la nuit au réfrigérateur.

Allongez ensuite la pâte sur 2 à 3 mm d'épaisseur de manière à obtenir 2 bandes d'environ 8 cm par 40 cm. Coupez alors le *brocciu* en une vingtaine de petits morceaux.

Sur chaque bande, déposez 10 morceaux de 10 g de *brocciu* à intervalles réguliers (de 10 cm environ), à 2 cm du bord.

Humectez ensuite au pinceau la pâte qui se trouve entre les morceaux de *brocciu* et les bords, puis repliez la bande sur les morceaux de *brocciu* comme pour un chausson.

Soudez les bords entre chaque morceau de fromage en pressant délicatement du bout des doigts. Découpez ensuite les petits beignets avec une roulette ou un couteau de cuisine comme vous le feriez pour des raviolis.

Plongez enfin les beignets dans l'huile bouillante, par petits paquets pour qu'ils ne collent pas entre eux. Retournez-les de temps en temps avec une écumoire afin d'obtenir une belle coloration des deux côtés.

Egouttez-les sur un papier absorbant et roulez-les aussitôt dans une assiette remplie de sucre semoule pour les servir encore chauds.

La Pompe et les Treize Desserts de Noel

Les treize desserts étaient autrefois treize pains ronds, un gros représentant le Christ, les autres les apôtres, posés au centre de la table lors du dîner de Noël que les Provençaux nomment « gros souper ». Peu à peu il n'en est plus resté qu'un, l'immuable pompe à huile, des desserts plus gourmands remplaçant les douze autres.

Traditionnellement, on sert les quatre mendiants : figues sèches, raisins secs, amandes, noix ou noisettes. A leurs côtés sont disposées les dattes, les oranges ou les mandarines. Plus loin, le nougat noir, la pâte de coings, les calissons et les fruits confits ; enfin les tartes

POUR 6 A 8 PERSONNES
ET 2 POMPES A L'HUILE

Préparation : 15 min
(la veille)
Temps de repos : 3 h
Cuisson : 35 min

600 g de farine
12,5 cl d'huile d'olive
1 œuf battu
50 g de levure de boulanger
75 g de sucre en poudre
22 cl d'eau
10 g de sel
2 cuill. à soupe d'eau de
fleur d'oranger
Le zeste d'1/2 citron
1 œuf pour la dorure

sucrées aux épinards, aux bettes et aux pignons... le plus difficile étant de s'arrêter à treize !

Quant à la pompe, elle est devenue le gâteau de Noël par excellence. Et si elle est un peu difficile à avaler au terme du gros souper, on respecte toujours les traditions en la faisant glisser avec un peu de vin doux de Rasteau ou de muscat de Beaumes-de-Venise.

Dans un bol mélangeur, délayez la levure avec un petit verre d'eau tiède (80 g). Ajoutez la farine, le sucre, le sel, l'huile d'olive, l'eau de fleur d'oranger, le zeste de citron finement râpé et le reste de l'eau. Pétrissez le tout à petite vitesse pendant 3 min. Pendant le pétrissage, décollez la pâte des parois du bol et du bras mélangeur à l'aide d'une spatule.

Au bout de 3 min, incorporez l'œuf battu et continuez à pétrir pendant encore 7 à 8 min. La pâte est alors lisse et se décolle des parois du bol. Laissez-la doubler de

volume pendant 1 h à peine puis gardez-la 1 h au réfrigérateur.

Préchauffez le four à 180°C (th. 5/6).

Séparez la pâte en 2 parts. Façonnez-la en boules et étalez-la en 2 cercles de 1 cm à 1,5 cm d'épaisseur. Avec la pointe d'un couteau, faites sur la surface quelques entailles à intervalles réguliers. Dorez à l'œuf, et laissez lever encore 1 h à température ambiante. La pâte doit doubler de volume.

Dorez à nouveau légèrement et enfournez pour 30 à 35 min.

FINANCIER

POUR 15 PETITS GATEAUX

Préparation : 15 min
Cuisson : 15 min

300 g de sucre glace
200 g de beurre
65 g de farine
185 g de blancs d'œufs
100 g d'amandes en poudre
50 g de noisettes en poudre

Photo page ci-contre

Parmi les richesses de la Provence figurent les amandiers qui, dès le mois de février, rosissent la magnifique plaine de la Crau. L'amande est présente dans un grand nombre de pâtisseries et de confiseries provençales, des nougats noirs rustiques aux calissons d'Aix fondants. Comme en Italie, on cultive surtout les béraudes, de forme large et charnue, et les tourneforts, irrégulières et petites mais de goût très fin. Des amandes de Californie sont également importées, mais leur taille exceptionnelle et leur belle couleur blanche ne compensent malheureusement pas leur manque de saveur. L'amande amère, enfin, n'est utilisée qu'à très petites doses pour parfumer certaines confiseries, car elle est toxique en grande quantité.

Proche des friands et des visitandines, le financier accompagne très bien les compotes de pêches ou d'abricots.

Faites cuire le beurre dans une petite casserole et laissez-le prendre légèrement couleur quand il commence à frémir. Il prend alors un

goût de noisette. Arrêtez le feu et filtrez-le au chinois, avec une étamine, pour enlever les impuretés.

Dans un saladier, mélangez le

sucre glace, la poudre d'amandes, la poudre de noisettes et la farine. Incorporez les blancs d'œufs en travaillant à la spatule puis versez le beurre noisette en continuant de remuer jusqu'à l'obtention d'une pâte homogène.

Préchauffez le four à 240°C (th. 8).

Beurrez des moules à friands d'environ 8 cm de longueur, 4 cm de largeur et 2,5 cm de hauteur. Versez le mélange dans les moules sans les remplir complètement car ils vont gonfler en cuisant.

Faites cuire 5 min à four chaud (240°C, th. 8) puis baissez la température à 200°C (th. 6) et laissez-les encore 10 min.

Démoulez ces petits gâteaux dès leur sortie du four.

NAVETTES
DE SAINT-VICTOR

POUR 50 PIECES ENVIRON

Préparation : 30 min
Temps de repos : 4 h
Cuisson : 10 min

300 g de farine
100 g de sucre semoule
100 g de beurre
1 œuf
1/2 paquet de levure chimique (5 g)
1 zeste de citron finement râpé
20 g de sucre vanillé

Les navettes de la Purification, ces petites pâtisseries traditionnelles que l'on ne fabrique que le jour de la Chandeleur, qui correspond à la fête de la Purification, ont pris à Marseille le nom de la vieille abbaye devant laquelle on les vendait. Les paroissiens les achetaient à la sortie de la messe, traditionnellement par douze, leur attribuant toutes les vertus protectrices par le biais de ce nombre symbolique (autant que de mois dans l'année, que de signes du zodiaque, que d'apôtres...). Et les notaires de la ville, qui célébraient ce même jour la fête de leur confrérie, les faisaient bénir et distribuer par centaines à l'assemblée.
Leur forme allongée, rétrécie aux deux bouts, rappelle une petite barque : peut-être celle sur laquelle saint Lazare et ses sœurs Marthe et Madeleine (les saintes Marie) auraient accosté à Marseille.

Faites d'abord ramollir le beurre à température ambiante.

Tamisez la farine avec la levure et disposez-la en fontaine sur le plan de travail. Mettez au centre les sucres, le beurre, le zeste de citron et l'œuf en évitant que ce dernier se trouve directement au contact du sucre.

Pétrissez l'ensemble du bout des doigts mais le moins longtemps possible, juste pour obtenir une pâte homogène, puis travaillez-la en appuyant avec la paume de la main et rassemblez-la en boule. Mettez-la au réfrigérateur 2 à 3 h.

Reprenez la pâte et roulez-la en lui donnant la forme de petits boudins. Coupez des tronçons de 10 cm environ. Etirez-les légèrement, fendez-les au milieu et pincez les deux bouts.

Laissez reposer 2 h. Faites cuire à 210°C (th. 6/7) pendant 10 à 12 min en surveillant la coloration.

PECHES MASQUEES
AUX AMANDES

Abondante en saison, la pêche était très courante en Provence quand on la considérait encore comme un luxe au nord de la Loire. Louis XIV en faisait cultiver avec d'autres variétés rares de fruits et légumes dans le Potager du roy du château de Versailles, et elle inspira de nombreux pâtissiers qui lui créèrent très vite, pour la valoriser, des apprêts restés classiques, de la Bourdaloue à la pêche Melba.

On cultive en Provence plus de pêches jaunes que de blanches. Les meilleures variétés ne sont pas les plus précoces, souvent très juteuses mais peu parfumées. Il vaut mieux attendre la pleine saison, c'est-à-dire la mi-juillet, pour déguster les charles-roux et les redwings (pêches blanches), les lorings et les pavies (pêches jaunes). Quant aux nectarines, dont la culture est en expansion constante, elles sont souvent bien moins savoureuses que les vraies pêches.

Epluchez les pêches, ôtez les noyaux et coupez-les en lamelles épaisses.

Mettez le beurre à fondre dans une grande poêle et faites revenir les pêches 5 min. Saupoudrez de 50 g de sucre et laissez mijoter à feu plus réduit 5 min de plus pour les caraméliser légèrement. Arrosez avec la liqueur de pêche et flambez.

Faites bouillir le lait avec la crème fleurette et la gousse de vanille fendue. Pendant ce temps, fouettez les œufs entiers et les jaunes avec le sucre restant. Versez le lait bouillant sur ce mélange, sans cesser de fouetter. Otez la gousse de vanille après en avoir gratté l'intérieur puis laissez complètement refroidir.

Préchauffez le four à 180°C (th. 5/6).

Beurrez un plat à four d'environ 32 cm de longueur et de 22 cm de largeur. Disposez les lamelles de pêches et parsemez-les d'amandes hachées. Saupoudrez la poudre de macarons et versez la crème refroidie sur l'ensemble.

Faites cuire au bain-marie pendant 35 min environ. Quand le dessert est prêt, une lame de couteau que l'on y pique ressort sèche.

Mettez le four en position gril. Saupoudrez légèrement le plat de sucre semoule et laissez caraméliser la surface pendant 1 ou 2 min en surveillant attentivement la coloration.

POUR 8 PERSONNES

Préparation : 30 min
Cuisson : 35 min

5 grosses pêches
à chair jaune
20 g de beurre
175 g de sucre semoule
37,5 cl de lait
125 g de crème fleurette
2 œufs
4 jaunes d'œufs
1/2 gousse de vanille
10 cl de liqueur de pêche
2 cuill. à soupe d'amandes
hachées légèrement grillées
3 cuill. à soupe
de macarons bien secs
écrasés finement

TARTE A L'ORANGE

écouvertes et introduites en France, parmi bien d'autres produits, par les croisés dès le XIVe siècle, les oranges sont longtemps restées un produit de luxe. La papauté, qui en fut sans doute friande, s'installa en Avignon à l'époque même où l'on découvrit le principe du confisage. Ainsi les oranges furent-elles consommées sous forme de sucreries.

On continua à les confire longtemps, bien qu'elles soient devenues moins rares en raison du succès de leur culture dans le nord du Bassin méditerranéen, afin de les conserver et les déguster toute l'année. Dans les départements des Alpes-de-haute-Provence et du Vaucluse, dont c'était la spécialité, elles étaient confites comme les cantaloups, les figues-fleurs et les abricots. A la maison, on savait confire un peu comme on fait des confitures... et l'on avait toujours sous la main de quoi confectionner cette tarte dont la recette nous vient du pays niçois.

POUR 8 PERSONNES

Préparation : 45 min
Cuisson : 25 min

300 g de pâte sucrée
(recette p. 251)
100 g de confiture
d'oranges amères

Pour la crème à l'orange :
50 cl de lait
6 jaunes d'œufs
135 g de sucre semoule
20 g de Maïzena
20 g de farine
2 oranges
Le zeste d'une orange
15 g de sucre vanillé

Pour la meringue italienne :
2 blancs d'œufs
125 g de sucre semoule
1/2 cuill. à café de jus
de citron
1 pincée de sel
Sucre glace

Photo page ci-contre

Préparez la crème à l'orange.
Dans une casserole, faites bouillir le lait avec 30 g de sucre, le sucre vanillé et le zeste d'orange très finement haché. Puis arrêtez le feu et laissez infuser 30 min.

Dans un bol, fouettez les jaunes d'œufs avec le reste du sucre jusqu'à ce que le mélange blanchisse. Portez à nouveau le lait à ébullition puis, hors du feu, versez-le sur les jaunes d'œufs en remuant. Incorporez la farine et la Maïzena, et remettez l'ensemble à bouillir 1 ou 2 min en fouettant vigoureusement contre le fond de la casserole pour que la crème n'attache pas. Versez dans un saladier et laissez refroidir en couvrant avec un film de plastique.

Préchauffez le four à 200°C (th. 6).

Beurrez un moule ou un cercle à tarte de 26 cm de diamètre.

Allongez la pâte en un disque un peu plus grand et foncez le moule. Couvrez le fond d'un papier sulfurisé puis remplissez de noyaux de cerises ou de lentilles et faites cuire 25 min.

Baissez la température du four à 180°C (th. 5).

Laissez refroidir et enlevez papier et noyaux. Badigeonnez le fond de la tarte au jaune d'œuf et remettez 5 min au four en surveillant attentivement la coloration.

Epluchez les oranges et séparez-les en quartiers. Pelez-les à vif, puis coupez-les en petits morceaux.

Garnissez le fond de tarte avec la confiture d'oranges amères. Etalez ensuite la crème à l'orange et lissez-la à la palette. Disposez les petits morceaux d'oranges en les enfonçant légèrement dans la crème.

Terminez en recouvrant la surface avec une meringue italienne. Pour cela, montez les blancs additionnés d'une pincée de sel et du jus de citron en neige ferme, en ajoutant une cuillerée de sucre à mi-parcours.

Mouillez le reste du sucre avec 3 cuillerées à soupe d'eau et faites-le cuire environ 5 min au gros boulé. (Prenez une goutte de ce sucre en ébullition avec une cuillère et faites-la tomber dans un bol d'eau froide : elle doit former une boule.)

Versez alors le sucre cuit sur les

blancs en neige en le faisant glisser sur les parois du récipient et en continuant de fouetter à petite vitesse jusqu'à complet refroidissement.

Puis garnissez une poche à douille cannelée de cette meringue et décorez votre tarte. Saupoudrez de sucre glace et passez au gril 2 min en surveillant la coloration qui se produit très rapidement.

SOUFFLE AU CITRON

POUR 3 A 4 PERSONNES

Préparation : 30 min
Cuisson : 20 min

25 cl de lait
80 g de sucre semoule
45 g de farine
4 œufs
17 cl de jus de citron
20 g de beurre
1 pincée de sel
1 cuill. à café de jus de citron
Sucre glace

Photo page ci-contre

*L*es soufflés sucrés peuvent être préparés avec toutes sortes de fruits et d'alcools. Les Provençaux ont donné un petit air méditerranéen à celui-ci en le parfumant avec du citron, dont le goût acidulé donne une saveur très fraîche à ce dessert. Il ne faut pas confondre les vrais soufflés avec les desserts glacés comme le soufflé Rothschild, par exemple, parfumé au Grand-Marnier. Les seconds n'ont que la forme des premiers, obtenue grâce à un artifice de présentation (une bande de carton débordant du moule, ôtée quand la mousse qui constitue le soufflé a pris).
Le développement immobilier a chassé les citronniers de la Côte d'Azur, mais on en cultive encore beaucoup en Corse. Le Nebbio, l'arrière-pays de Bastia, est le verger de l'île. Champs d'orangers, de citronniers et de cédratiers s'y succèdent, en alternance avec les figuiers, les pêchers et les amandiers, jusqu'aux abords immédiats des villes. Gorgés de soleil, les agrumes corses mûris sur l'arbre sont délicieux ; malheureusement, on ne les trouve guère en dehors de leur région d'origine.

Séparez les blancs des jaunes d'œufs.

Dans un bol, mélangez au fouet 60 g de sucre et la farine avec 4 cuillerées à soupe de lait. Faites bouillir le reste du lait dans une casserole puis versez-le sur le mélange en continuant de fouetter. Remettez le tout dans la casserole et faites bouillir pendant 2 min.

Retirez alors du feu, incorporez le beurre, couvrez et laissez refroidir 15 min. Ajoutez enfin les jaunes d'œufs et les 17 cl de jus de citron.

Préchauffez le four à 180°C (th. 5/6).

Beurrez un moule à soufflé de 17 cm de diamètre et saupoudrez le fond de sucre semoule.

Montez les blancs d'œufs additionnés d'une pincée de sel et de la cuillerée de jus de citron en neige ferme, en les soutenant à mi-parcours avec 20 g de sucre. Versez la préparation au citron sur les blancs montés et mélangez délicatement l'ensemble à la spatule.

Remplissez le moule aux 3/4. Saupoudrez de sucre glace.

Faites cuire pendant 30 min.

S'il vous reste de l'appareil, garnissez-en un petit ramequin.

TARTE AUX PIGNONS

POUR 6 PERSONNES

Préparation : 15 min
Cuisson : 40 min

200 g de pâte sucrée
(recette p. 251)
280 g de crème d'amandes
(recette p. 253)
70 g de confiture de cassis
(ou de framboises)
80 g de pignons
Sucre glace

Photo page ci-contre

En Provence, tous les fruits sont exploités à des fins gourmandes, même ceux des pins parasols ! Entre les écailles de leurs pommes se logent en effet de petites graines enfermées dans une coquille pruineuse, dont le goût, bien qu'un peu plus prononcé, rappelle celui de l'amande. Ce sont les pignons, que l'on trouve depuis fort longtemps dans bien des pâtisseries et confiseries du Bassin méditerranéen.

Les Romains les utilisaient déjà pour confectionner une sorte de nougat dont on trouve la recette dans un texte d'Apicius : « Fais griller des pignons et des noix, et écrase-les avec du miel et des œufs, poivre et sel, peu d'huile. » Plus tard, Carême fit peut-être découvrir à Paris « [...] les petites graines blanches que donnent les pins et que les Italiens nomment pignoles » en adoptant et transmettant certaines recettes de la péninsule.

Aujourd'hui, on continue de l'employer beaucoup en Provence ; les croissants aux pignons figurent parmi les treize desserts de Noël et cette tarte est assez souvent servie en fin de repas.

Beurrez et farinez un moule ou un cercle à tarte de 18 cm de diamètre et environ 2,5 cm de hauteur.

Etalez la pâte au rouleau et foncez le moule en laissant dépasser une petite crête sur le tour si les bords ne sont pas assez hauts.

Préchauffez le four à 200°C (th. 6).

Etalez la confiture dans le fond, puis répartissez la crème d'amandes et terminez par une couche de pignons.

Faites cuire 35 à 45 min.

Laissez refroidir et saupoudrez d'un léger voile de sucre glace avant de servir.

Pyrénées, Languedoc, Roussillon

ALLELUIAS
DE CASTELNAUDARY

POUR 25 PIECES ENVIRON

Préparation : 45 min
Temps de repos : 3 h
Cuisson : 20 min

500 g de farine
50 g de sucre en poudre
2 cuill. à café de sel
25 g de levure de boulanger
10 cl de lait
20 cl d'eau

3 jaunes d'œufs
100 g de beurre demi-sel
220 g de fruits confits
coupés en dés

Photo page ci-contre

Fin du carême et joie de la Résurrection pour les chrétiens, Pâques marque aussi le début du printemps et le renouveau de la nature. Bien avant d'être réalisé en chocolat, l'œuf, symbole de la vie renaissante, était présent dans les pâtisseries de fête réservées au dimanche de Pâques. Les gâteaux de carême, échaudés et fouaces sans œufs ni beurre, s'enrichissaient alors des œufs quêtés de ferme en ferme par les enfants le Samedi saint.

Dans le Lauragais, les pâtissiers fabriquent des petites fouaces au cédrat spécialement pour Pâques. On dit que ces gâteaux furent créés au début du siècle dernier lors d'une visite pascale de Pie VII à Castelnaudary et que celui-ci les baptisa « alléluias ».

Lavez les fruits confits à l'eau tiède. Egouttez-les sur un papier absorbant et séchez-les avec soin.

Mélangez-les alors à 30 g de farine. Délayez la levure dans 1/2 tasse d'eau tiède.

Mettez la levure avec 5 cl de lait dans un bol mélangeur, puis la farine, le sel et le sucre. Commencez à pétrir à petite vitesse en ajoutant les jaunes d'œufs puis, progressivement, le reste du lait et l'eau jusqu'à ce que la pâte ait une bonne consistance. Pétrissez une dizaine de minutes en décollant de temps en temps la pâte des bords du bol à l'aide d'une raclette. A la fin du pétrissage, saupoudrez les parois de farine pour décoller la pâte une dernière fois.

Incorporez rapidement le beurre fractionné en petits morceaux. L'opération ne doit pas prendre plus de 2 min.

Ajoutez ensuite les fruits confits en mélangeant brièvement pour ne pas abîmer la pâte. Roulez-la alors en boule sur le plan de travail fariné puis mettez-la dans un saladier et

laissez-la reposer au réfrigérateur 1 h 30 recouverte d'un linge.

Rompez la pâte puis étalez-la sur le plan de travail fariné et froid (ou sur une planche passée au réfrigérateur) en une abaisse de 1,5 cm d'épaisseur. Découpez des bandes de 2 cm de largeur et 30 cm de longueur. Roulez doucement ces lanières pour obtenir des boudins légèrement plus longs, d'environ 50 cm. Puis, en les prenant 3 par 3, façonnez des tresses sans les serrer. Terminez en recoupant chaque tresse en 3 alléluias.

Posez les gâteaux sur la plaque du four, dorez-les à l'œuf et laissez-les doubler de volume à température ambiante. Cela demande environ 1h 30.

Préchauffez le four à 180°C (th. 5/6).

Dorez une nouvelle fois après la pousse pour obtenir une meilleure coloration de la pâte puis faites cuire une vingtaine de minutes.

Dégustez au petit déjeuner accompagné de confiture.

GRATIN ARIEGEOIS

POUR 4 PERSONNES

Préparation et cuisson :
45 min

300 g de crème pâtissière
(recette p. 253)

300 g de pommes acidulées
(granny smith)

20 g de beurre

40 g de sucre semoule

30 g de sucre vanillé

2 blancs d'œufs

1 pincée de sel

1 filet de jus de citron

Sucre glace

Pour la compote :

200 g de pommes à cuire
(reinettes, calvilles)

50 g de sucre

1 cuill. à café de jus de
citron

Froids, les gratins ariégeois, aussi dénommés dauphines, s'apparentent aux charlottes, tandis que chauds, ils sont proches des pommes meringuées. Ce sont des versions un peu plus raffinées des innombrables gâteaux de pommes réalisés à la campagne. On trouve mention de ces entremets dans les livres de recettes du château de Gudanes, demeure de Louis Gaspard de Sales, le dernier administrateur royal de la province de Foix, surnommé là-bas « roi des Pyrénées ».
Christian Bernadac, dans *La Cuisine du comté de Foix et du Couserans*, a rassemblé de manière fort agréable ces précieux documents, qui donnent une idée de ce que pouvait être la vie quotidienne d'un « [...] mécène, protecteur des poètes et des écrivains, dont la table considérée comme la première du pays de Foix était fréquentée par toute la noblesse du Sud-Ouest ».

Préparez la crème pâtissière et réservez-la.

Préparez la compote : faites cuire les pommes épluchées et coupées en quartiers dans une casserole avec le sucre, le citron et l'eau pendant une dizaine de minutes puis écrasez-les.

Epluchez les autres pommes et coupez-les en lamelles. Faites-les revenir doucement à la poêle avec le beurre et le sucre vanillé. Lorsqu'elles sont moelleuses, retirez-les avec une palette et laissez-les refroidir.

Etalez la moitié de la crème pâtissière dans le fond d'un plat à gratin légèrement beurré et saupoudré de sucre semoule. Disposez la moitié des lamelles de pommes puis recouvrez avec la compote. Répartissez le reste des tranches et terminez par la crème pâtissière.

Battez les blancs additionnés de sel et du filet de jus de citron en neige ferme, et ajoutez le sucre semoule lorsqu'ils sont montés.

Etalez la meringue à la surface du plat, saupoudrez de sucre glace et passez l'entremets 3 à 4 min au gril pour le faire dorer.

PAINS D'ANIS

L'anis était autrefois beaucoup plus répandu qu'aujourd'hui et se cultivait jusqu'en Anjou, bien que le climat méditerranéen lui soit plus propice. On en faisait des liqueurs de ménage, souvent en l'associant à l'absinthe, à la coriandre, voire au genièvre, à l'angélique et à la cannelle pour obtenir l'eau-de-vie d'Hendaye, d'excellente réputation. Il est vrai que l'on prêtait à cette plante de nombreuses vertus thérapeutiques et, au Moyen Age, les petites graines étaient même couramment utilisées comme contrepoison !

En boulangerie et en pâtisserie, l'anis a également été utilisé très tôt dans toute l'Europe. Au XIVe siècle, Taillevent en met dans la pâte de ses tartes, comme les Alsaciens dans leurs bretzels et les Scandinaves dans leurs *knackebrot*.

Aujourd'hui, on consomme toujours beaucoup de boissons à l'anis fabriquées industriellement. Quant aux gâteaux à l'anis : rosquilles (galettes) ou galfes (couronnes) pyrénéennes d'origine espagnole, petits pains tressés du Narbonnais, rioutes (petites galettes) de Savoie ou échaudés du Rouergue, ils sont toujours très populaires.

POUR 30 A 35 PIECES

Préparation : 30 min
Temps de repos : 4 h 30
Cuisson : 15 à 20 min

250 g de farine
30 g de sucre en poudre
35 g de beurre
4 cl de lait
2 cl d'huile d'olive
1 œuf
10 g de levure
de boulanger
5 g de sel
1 cuill. à soupe d'anis vert
en grains
1 œuf pour la dorure

Photo pages suivantes

Délayez la levure dans 1/2 tasse d'eau tiède et laissez ramollir le beurre à température ambiante.

Dans un bol pétrisseur, mettez le sel, le sucre, l'huile, le lait, la farine, la levure délayée puis l'œuf et commencez à pétrir à petite vitesse.

Ajoutez ensuite le beurre et continuez à pétrir 4 à 5 min en recueillant de temps en temps la pâte sur les parois du bol avec une raclette. La pâte doit devenir consistante, prendre de l'élasticité et ne pas coller aux doigts.

Incorporez l'anis à la fin en pétrissant encore un peu pour bien l'amalgamer.

Recouvrez le bol d'un linge et laissez gonfler la pâte 1 h 30 à température ambiante. Rompez-la alors à la main et mettez-la au réfrigérateur. 2 h plus tard, rompez-la à nouveau et remettez-la au frais.

Le lendemain, abaissez la pâte sur un plan de travail légèrement fariné sur 6 à 7 mm d'épaisseur puis remettez-la 30 min au réfrigérateur.

Préchauffez le four à 200°C (th. 6).

Recouvrez la plaque d'un papier sulfurisé. Détaillez la pâte avec un emporte-pièce de 4,5 cm de diamètre et déposez les petits disques sur la plaque du four. Laissez-les doubler de volume à température ambiante en veillant à éviter les courants d'air.

Dorez à l'œuf, puis enfournez. Baissez aussitôt la température du four à 180°C (th. 5) et laissez cuire 15 min.

BLANC-MANGER

POUR 6 PERSONNES

Préparation des fruits :
la veille
Préparation et cuisson :
45 min
Temps de prise : 2 h

25 cl de lait
130 g d'amandes en poudre
30 g d'amandes effilées
grillées
80 g de sucre
3 jaunes d'œufs
3 feuilles de gélatine
25 cl de crème fraîche
3 poires
1 cl de kirsch
Sucre vanillé

Pour le sirop :
1 l d'eau
400 g de sucre
200 g de miel
1/4 de bâton de cannelle
2 clous de girofle
1 cuill. à café de poivre noir
en grains
1/2 citron

Photo page ci-contre

Ce dessert est sans doute l'un des plus anciens encore dégusté de nos jours, même s'il n'est plus très à la mode. Au XIVᵉ siècle, Taillevent donne dans son célèbre *Viandier*, un des plus anciens livres de cuisine édités en français, plusieurs recettes de blanc-manger : au poisson, à la volaille, aux amandes. Cette dernière préparation est une des rares de l'ouvrage à pouvoir être exécutée pratiquement telle que Taillevent l'a écrite.

Du XVIIᵉ au XIXᵉ siècle, le blanc-manger connaît une grande vogue. Antonin Carême a longuement détaillé ses recettes, suggérant de parfumer ce lait d'amande au marasquin, au rhum, au cédrat, à la vanille, au café, etc. Il donne également une recette de blanc-manger additionné de crème fouettée qui fait de cet entremets délicat l'ancêtre du bavarois.

Faites pocher les poires la veille. Epluchez les fruits, frottez-les avec le 1/2 citron et mettez tous les ingrédients du sirop dans une casserole. Portez à ébullition, puis baissez le feu et plongez les poires dans le sirop. Faites cuire 10 à 15 min à légers frémissements en veillant à ce que les fruits restent fermes. Retirez du feu et laissez macérer dans un saladier couvert jusqu'au lendemain.

Faites tremper la gélatine dans un bol d'eau froide.

Portez le lait à ébullition avec 30 g de sucre, les amandes en poudre et le sucre vanillé puis retirez du feu et laissez infuser jusqu'au refroidissement. Passez alors l'ensemble dans une mousseline pour ne conserver que le lait qui aura pris le goût des amandes.

Dans un bol, fouettez les jaunes d'œufs et le reste de sucre jusqu'à ce que le mélange blanchisse. Faites

réchauffer le lait et versez-le sur l'ensemble en continuant de fouetter. Egouttez la gélatine et faites-la fondre dans le mélange encore chaud. Ajoutez le kirsch puis laissez refroidir en posant le fond du bol dans l'eau froide. Pendant ce temps, montez la crème en chantilly et incorporez-la au mélange.

Huilez très légèrement 6 moules d'environ 10 cm de diamètre ou encore, juste avant de les remplir, trempez-les dans l'eau, égouttez-les et saupoudrez-les de sucre en poudre.

Posez 1/2 poire à l'envers au fond de chacun, versez la crème puis gardez au moins 2 h au réfrigérateur.

Au moment de démouler, trempez rapidement chaque moule dans l'eau chaude et retournez-le sur une assiette. Parsemez d'amandes effilées et servez, par exemple, avec un coulis de framboise.

CREPES FRISEES DES PYRENEES

POUR 4 A 6 PERSONNES

Préparation : 15 min
Temps de repos : 1 h
Cuisson : 2 à 3 min

250 g de farine
60 g de sucre en poudre
80 g de beurre
6 œufs
1 dl de lait
Le zeste d'une orange
1 cuill. à soupe
de Grand-Marnier
1 cuill. à soupe de rhum

Photo page ci-contre

Traditionnellement, on prépare pour le carnaval des crêpes dans le nord de la France et des beignets dans le Sud. Mais la frontière n'est pas si nette, et les roussettes alsaciennes (beignets) comme les crespères gasconnes (crêpes) nous rappellent que les exceptions sont nombreuses. D'une manière générale, les crêpes du Midi sont plus épaisses que celles du Nord, souvent garnies de fruits et naturellement cuites à l'huile.

Dans les Pyrénées, on prépare ces amusantes crêpes frisées que l'on appelle aussi crêpes à l'entonnoir, et dont on trouve trace aussi en Périgord. Cuit à la poêle, dans une bonne quantité d'huile, ce dessert réconcilie crêpes et beignets puisqu'il tient un peu des deux.

Faites fondre le beurre jusqu'à ce qu'il prenne légèrement couleur. Hachez finement le zeste d'orange.

Dans un saladier mélangez avec un fouet ou un mixer la farine, le sucre, les œufs, le zeste d'orange et le beurre noisette. Incorporez l'alcool dans le procédé. Ajoutez progressivement le lait en continuant de fouetter jusqu'à l'obtention d'une pâte lisse et homogène. Laissez reposer au moins 1 h.

Faites chauffer votre bain de friture.

Garnissez avec la pâte une poche à douille d'environ 6 mm de diamètre ou plus si vous le désirez. Fermez la poche avec une pince à linge.

Coulez la pâte dans l'huile chaude en décrivant des spirales. Celles-ci gonflent et dorent très rapidement.

Egouttez les tortillons sur un papier absorbant et saupoudrez de sucre glace.

Périgord, Quercy, Rouergue

Tarte aux Noix

POUR 8 PERSONNES

Préparation : 45 min
Temps de repos : 1 à 2 h
Cuisson : 20 min
pour le fond,
45 min pour la garniture

300 g de pâte sucrée
(recette p. 251)
2 œufs
70 g de sucre en poudre
75 g de sucre roux ou brun
40 g de beurre
100 g de crème fraîche
10 cl de Grand-Marnier (ou
de café très fort)
200 g de noix hachées

Pour le décor :
8 à 10 cerneaux de noix
Sucre glace

Photo page ci-contre

*I*l est une tradition qui révèle la valeur attribuée jadis à la noix en Périgord et en Quercy. C'est le *cocolou*, une petite noix choisie et offerte par un jeune homme à sa fiancée, qui la gardait précieusement au fond de sa poche.

Longtemps source de richesse pour les provinces du Sud-Ouest, les noix furent d'abord cultivées pour leur huile. On utilisait cette huile pour la cuisine, dans une région où l'élevage essentiellement ovin avait fait du beurre un produit de luxe. On la brûlait aussi pour s'éclairer, dans des caleils en cuivre.

Rarement consommées nature, les noix étaient très appréciées en friandises. Au Moyen Age déjà, on les mettait à confire dans du miel.

Un peu plus tard, des petits bonbons faits de noix pochées au sirop et écrasées en une pâte semblable à la pâte d'amandes firent fureur dans les salons.

Pâte et cerneaux de noix sont aujourd'hui couramment utilisés pour préparer des fruits déguisés, des chocolats et des pâtisseries.

Préchauffez le four à 220°C (th. 7).

Abaissez la pâte à 4 mm d'épaisseur en un cercle de 32 cm de diamètre. Garnissez-en un moule à tarte de 26 cm de diamètre préalablement beurré en laissant dépasser une légère crête que vous pincez entre le pouce et l'index. Laissez reposer au réfrigérateur 1 ou 2 h.

Piquez le fond, recouvrez-le d'une feuille de papier blanc frangé, garnissez-le de lentilles puis faites-le cuire 20 min environ. Laissez légèrement refroidir, puis ôtez le papier et les lentilles.

Pendant la cuisson, préparez la garniture. Dans un bol, mélangez le sucre semoule, les œufs et la crème fraîche. Puis incorporez le Grand-Marnier (ou le café) et le beurre fondu, le sucre roux ou brun et les noix hachées. Mélangez bien, versez dans le fond de tarte et remettez au four (en baissant la température à 200°C (th. 6) pendant 40 à 45 min.

Laissez refroidir, saupoudrez d'un peu de sucre glace et décorez avec les cerneaux de noix.

Pour les rendre brillantes et plus croquantes, vous pouvez tremper les noix dans un sirop épais. Mettez à cuire du sucre avec un peu d'eau, plongez les cerneaux un par un en les tenant avec une petite pique en bois et, lorsque le sucre durcit, enlevez-les de la pique à l'aide d'une pointe de couteau. Égouttez-les et déposez-les sur une feuille de papier sulfurisé.

CROUSTADE

POUR 6 A 8 PERSONNES

Préparation : 45 min
Temps de repos : 3 à 4 h
Cuisson : 45 min

Pour la pâte :
200 g de farine
2 œufs
4 cuill. à soupe d'huile
d'arachide
20 g de sucre semoule
1 pincée de sel

4 pommes moyennes
100 g de beurre
50 g de sucre vanillé
Sucre glace

Photo page ci-contre

A l'origine, la croustade n'était qu'une des appellations du célèbre pastis quercynois. Elle est aujourd'hui devenue une pâtisserie à part entière, version à la fois simplifiée du pastis dans sa réalisation et enrichie, puisqu'on y ajoute des fruits. Comme le pastis, elle est un souvenir des gâteaux cuits en tourtière, feu dessus, feu dessous, dans la cheminée. Mais si la cuisson en restait délicate, sa confection souvent à base de chutes de pâte en était plus aisée. Elle en conserve néanmoins l'esprit et a acquis dans le Sud-Ouest une place de choix, allant même fréquemment jusqu'à remplacer les classiques crêpes et beignets de carnaval.
Il faut des pommes bien parfumées pour faire une bonne croustade, les reinettes ou les boskoops conviennent mieux que les golden. Quant au décor de la surface du gâteau fait de découpes de pâte dorée à l'œuf, il est laissé à l'invention de la cuisinière et permet de juger de son habileté...

Mettez dans une terrine la farine, les œufs battus, une cuillerée d'huile, le sel et le sucre, un peu d'eau si nécessaire et pétrissez jusqu'à l'obtention d'une belle pâte souple.

Déposez-la sur le plan de travail fariné, roulez-la en boule, enduisez-la d'huile et laissez-la reposer au réfrigérateur 3 à 4 h.

Etalez la pâte sur un grand plan de travail le plus finement possible avec un rouleau à pâtisserie légèrement fariné, enduisez-la d'huile à l'aide d'un pinceau et pliez-la en 3 comme pour un vrai feuilletage. Renouvelez 3 fois l'opération mais sans laisser de temps de repos entre les tours. Puis gardez-la 20 min au réfrigérateur.

Epluchez les pommes et coupez-les en lamelles. Faites-les revenir 5 min à la poêle avec 50 g de beurre et 30 g de sucre vanillé.

Beurrez légèrement un moule à tarte à fond amovible de 26 cm de diamètre.

Séparez la pâte en 2 parties, l'une un peu plus petite que l'autre. Etalez les 2 moitiés, découpez-les en

2 cercles, l'un de la taille du moule, l'autre légèrement plus grand et laissez reposer 30 min au réfrigérateur.

Préchauffez le four à 200°C (th. 6).

Garnissez le fond du moule avec le plus petit disque de pâte. Rangez les lamelles de pommes en réservant une bande de 1,5 cm tout autour. Répartissez le reste du beurre fractionné en petits morceaux et saupoudrez de sucre vanillé. Mouillez ensuite le bord à l'aide d'un pinceau puis déposez la seconde abaisse de pâte et soudez le tour en pressant fortement avec le pouce. Ciselez le tour avec le dos d'un couteau.

Décorez le dessus de la croustade de 3 feuilles découpées dans les chutes de feuilletage et mettez à cuire 45 à 50 min.

Au bout de 35 min, sortez le gâteau du four, saupoudrez-le de sucre glace et remettez-le à cuire une dizaine de minutes en surveillant la coloration.

Démoulez et servez.

DUCHESSE DE SARLAT

près l'Isère, la Dordogne est le deuxième département français producteur de noix. Vestige des marchés où s'opéraient les transactions entre paysans et grossistes, la place des Noix à Sarlat témoigne de l'importance de cette activité dans la région.

Mais, alors que Grenoble expédie l'essentiel de sa récolte en noix sèches, Sarlat, considéré comme la capitale du cerneau, s'est spécialisé dans le décorticage des fruits. Aujourd'hui encore, au moment de la récolte, le bruit des « tricottes », petits maillets qui cassent les coques, rythme les heures.

Préparez la crème pâtissière et laissez-la au froid jusqu'à la dernière minute.

Mettez le beurre dans un endroit chaud pour le transformer en pommade. Préparez le sirop en faisant bouillir l'eau et le sucre.

Laissez refroidir et incorporez le vin de noix. Mélangez le sucre glace et les noix en poudre de la garniture. Vous obtenez du tant-pour-tant aux noix.

Fouettez le beurre à petite vitesse pour le faire monter et incorporez le tant-pour-tant aux noix en 4 à 5 fois. Continuez à fouetter 5 min à vitesse moyenne puis ajoutez la crème pâtissière en battant doucement. Le mélange doit rester le plus froid possible.

Chemisez de papier sulfurisé un moule à charlotte. Tapissez les côtés et le fond de biscuits à la cuiller préalablement imbibés de sirop sur leur côté plat, et coupez-les au ras du bord. Garnissez le centre de 300 g de crème. Disposez une couche de biscuits largement trempés dans le sirop avant de recouvrir en forme de dôme avec le reste de la garniture. Lissez avec une palette et laissez prendre au froid.

Pendant ce temps, préparez la sauce au chocolat. Faites fondre le chocolat au bain-marie (ou à feu extrêmement doux) avec une cuillerée à café d'eau. Dans une autre casserole, portez le lait à ébullition puis incorporez la crème avant de faire bouillir à nouveau. Retirez du feu, ajoutez le sucre, le chocolat fondu et le beurre. Portez quelques secondes à ébullition et versez dans un bol pour laisser refroidir.

Démoulez la charlotte en la retournant sur un plat. Nappez de sauce au chocolat en la laissant légèrement couler entre les biscuits et disposez quelques cerneaux de noix pour terminer le décor.

Buvez un vin de noix en accompagnement.

POUR 6 A 8 PERSONNES

Préparation : 45 min
Temps de prise : 3 h environ
Pas de cuisson

20 biscuits à la cuiller

Pour le sirop :
70 g de sucre semoule
4 cl d'eau
4 cl de vin de noix

Pour la garniture :
225 g de crème pâtissière
(recette p. 253)
150 g de beurre
100 g de sucre glace
100 g de noix en poudre

Pour la sauce au chocolat :
1 dl de lait
1 cuill. à soupe de crème fraîche
25 g de sucre semoule
15 g de beurre
100 g de chocolat

Pour le décor :
8 cerneaux de noix

Photo page ci-contre

RISSOLES AUX PRUNEAUX

POUR 24 A 26 RISSOLES

Préparation
et cuisson : 30 min

400 g de pâte à brioche
(recette p. 252)
160 g de pruneaux
40 g de compote
de pommes
Sucre glace vanillé
2 l d'huile de friture

Photo page ci-contre

Il n'est pas de pruneau que d'Agen, car tout le Sud-Ouest est le paradis de la prune d'ente, variété qui est mise à sécher. Ce sont les moines quercynois de Clairac qui créèrent vers 1148 le premier verger de pruniers, ramenés de Syrie par les croisés. La renommée d'Agen est surtout due à la position de son ancien port sur la Garonne, qui permettait d'exporter vers Bordeaux les pruneaux de toute une région.

Le séchage des fruits, autrefois effectué sur des claies ou de la paille, se fait désormais dans des fours où chaleur et humidité sont rigoureusement contrôlées. Fourrés de compote de pommes vanillée ou de pâte de pruneaux, ils deviennent des friandises délicates.

A l'origine, les rissoles étaient de simples petites bouchées frites, souvent faites avec des restes de pâte. On les garnit ensuite de préparation, déjà cuites, salées ou sucrées, notamment de pruneaux entiers dénoyautés.

Préparez la farce en broyant au mixer les pruneaux dénoyautés et la compote de pommes.

Sur un plan de travail bien froid et légèrement fariné, façonnez une vingtaine de boules en tournant 20 g de pâte sous la paume de la main. Laissez-les doubler de volume à température ambiante puis faites-les cuire en les plongeant rapidement dans l'huile bouillante.

La boule est cuite quand elle remonte à la surface et qu'elle a une belle couleur dorée.

Egouttez sur un papier absorbant puis percez ces boules et remplissez-les de farce à l'aide d'une poche à douille de 10 mm de diamètre.

Pour la finition, roulez les rissoles dans le sucre glace vanillé avant de les servir.

FRAISES AU PECHARMANT

*V*oici un dessert agréable et simple à réaliser qui associe deux excellents produits du Périgord : les fraises et le Pécharmant.

En début de saison, on choisira les grosses fraises coniques de la variété gorella, très douces. En juin, les surprises des halles, très cultivées dans le Périgord, plus acidulées. Il faut bien entendu éviter les fraises de serre, beaucoup moins parfumées.

En Dordogne et dans le Lot, on désigne les grottes et gouffres par le mot « pech ». C'est le pech Armand qui a donné son nom à ce cru de Bergerac, sans conteste le meilleur des vins rouges de la région, qui atteint le niveau d'honnêtes crus bordelais. Fruité et distingué, son arôme convient parfaitement à la saveur délicate des fraises périgourdines.

POUR 6 PERSONNES

Préparation
et cuisson : 30 min

1 kg de fraises
50 cl de Pécharmant
(à défaut, un Bordeaux
léger)
1 sachet de thé
160 g de sucre
6 grains de poivre vert
Quelques feuilles de
menthe

Photo page ci-contre

Faites chauffer le vin. Ajoutez le sucre, le poivre vert et le sachet de thé. Puis portez le tout à ébullition et laissez cuire à petit feu jusqu'à l'obtention d'un sirop léger.

Pendant ce temps, nettoyez les fraises.

Passez le sirop à la passoire et remettez sur le feu. Plongez-y les fraises et faites frémir doucement 3 min.

Servez dans de petites coupes en parsemant de menthe finement ciselée.

Vous pouvez accompagner ces fruits encore tièdes d'une boule de glace à la vanille ou d'une part de coque de Moissac.

Aquitaine, Pays-Basque

GALETTE DES ROIS
BORDELAISE

Préparation : 50 min
(la veille)
Temps de repos : 3 à 4 h
Cuisson : 30 à 40 min

300 g de farine
3 œufs
30 g de sucre semoule
200 g de beurre
15 g de levure de boulanger
2 cuill. à café de sel
1 cuill. à soupe d'eau de
fleur d'oranger
2 cuill. à soupe d'eau
1/2 cuill. à soupe de rhum
Le zeste d'1/2 citron
1 œuf pour la dorure

Pour le décor :
80 g de cédrat confit ou de
fruits confits
60 g de sucre en grains
100 g de confiture d'abricots

Photo page ci-contre

Héritière des saturnales de l'Antiquité pendant lesquelles les esclaves régnaient le temps d'une fête, la tradition des rois a survécu à tout, même à la Révolution. On se contenta alors de baptiser les agapes « fête du bon voisinage » et le dessert « gâteau de l'égalité ». La fève avait pris la forme d'un petit bonnet phrygien.
Traditionnellement, pour l'Epiphanie on prépare des galettes et des gâteaux de pâte levée en forme de pain rond dans la moitié nord de la France, ou de couronne dans le Sud. Un dictionnaire béarnais du XVIIIe siècle présente comme pâtisserie des rois le « garfou », gâteau au levain parfumé au rhum et à l'anis vert. A Bordeaux, on ajoute à la couronne de l'Epiphanie du Cognac et du cédrat confit.

Hachez finement le zeste de citron et délayez la levure avec une cuillerée à soupe d'eau tiède.

Mettez dans un bol pétrisseur le zeste de citron, le sucre, le sel, le rhum, la fleur d'oranger et la cuillerée d'eau restante. Versez alors la farine, puis la levure, et commencez à pétrir à petite vitesse en incorporant 2 œufs en même temps. Lorsque la pâte devient homogène et lisse, ajoutez l'autre œuf. Continuez de pétrir à vitesse moyenne pendant une quinzaine de minutes jusqu'à ce que la pâte soit souple et s'étire facilement sous les doigts, sans casser.

Pendant le pétrissage, aplatissez le beurre en le mettant entre 2 feuilles de plastique et en le tapant avec le rouleau : il doit être mou.

En pétrissant à nouveau à petite vitesse, incorporez rapidement le beurre fractionné en morceaux. Laissez reposer 1 h 30 à 2 h à température ambiante, puis rompez la pâte et gardez-la au réfrigérateur jusqu'au lendemain.

Recouvrez la plaque du four d'un papier sulfurisé.

Reprenez la pâte et aplatissez-la à la main sur un plan de travail légèrement fariné. Vous pouvez à ce moment répartir sur toute la surface de la pâte 100 g de fruits confits hachés finement. Rabattez les bords vers le centre, formez une boule et posez-la sur la plaque du four.

Laissez reposer une dizaine de minutes puis creusez un trou avec le pouce au centre de la boule, en étirant la pâte régulièrement en couronne tout autour. Renouvelez l'opération 2 ou 3 fois pour obtenir un trou de 12 à 14 cm de diamètre, en laissant reposer quelques minutes entre chaque étirage pour éviter de déchirer la pâte.

Laissez lever 1 h 30 à 2 h à température ambiante.

Préchauffez le four à 200°C (th. 6).

Dorez la couronne à l'œuf battu, puis incisez régulièrement la surface avec des ciseaux mouillés en tenant la lame en biais pour former des becs.

Faites cuire 30 à 40 min en surveillant la coloration.

Lorsque la brioche est refroidie, nappez-la de confiture d'abricots. Décorez avec le sucre en grains et le cédrat ou les fruits confits coupés en lamelles.

Macarons
de Saint-Emilion

A chaque coin de rue du charmant village qu'est Saint-Emilion, on vend les célèbres macarons cuits sur du papier sulfurisé, dans de petites boîtes en carton. Les visiteurs venus acheter du vin repartent tous avec ces petits gâteaux d'un moelleux incomparable quand ils sont préparés du jour par un pâtissier sérieux.

Les sœurs ursulines d'un couvent du village sont à l'origine de cette recette qui date du XVIIIe siècle. La Révolution chassa les ursulines hors de leur couvent, mais les macarons continuèrent à être fabriqués par les pâtissiers de Saint-Emilion avec le succès que l'on sait, toujours selon la recette originale. Aujourd'hui, quelques boutiques proposent une variante, les macarons aux noisettes.

Mettez à feu très doux, dans un poêlon à fond épais, la poudre d'amandes, le sucre, le miel, un blanc d'œuf et la moitié du vin blanc en malaxant constamment l'ensemble à la spatule pour obtenir une pâte parfaitement homogène. Puis incorporez le reste du vin en une seule fois en continuant de remuer. Cette opération demande environ 5 min.

Retirez du feu et mettez cette pâte dans un saladier. Remuez encore 1 ou 2 min puis laissez refroidir complètement. Incorporez alors le second blanc d'œuf et le sucre glace en mélangeant bien.

Préchauffez le four à 170°C (th. 5).

Recouvrez 2 plaques de papier sulfurisé.

A l'aide d'une poche à douille d'un diamètre de 12 mm, déposez des petites masses de pâte que vous écraserez légèrement, avec le plat d'un pinceau à peine humide par exemple.

Saupoudrez de sucre glace et faites cuire 20 min environ.

Je vous conseille de déguster ces macarons avec des pruneaux au Sauternes ou des raisins macérés dans ce même vin.

POUR 30 PIECES ENVIRON

Préparation : 25 min
Cuisson : 20 à 25 min

175 g de poudre d'amandes
75 g de sucre semoule
75 g de sucre glace
4 cl de vin blanc liquoreux
(Sauternes, Bonnezeaux,
Coteaux-du-Layon)
10 g de miel (1 cuill. à café)
2 blancs d'œufs

Photo page ci-contre

CANNELETS GIRONDINS

POUR 25 PIECES

Préparation : 30 min
(au moins 24 h avant)
Cuisson : 30 min

50 cl de lait
25 g de beurre
2 gros jaunes d'œufs
+ 1/2 œuf
250 g de sucre semoule
125 g de farine
1/2 gousse de vanille
1,5 cl de rhum
1 cuill. à soupe de zeste
de citron haché
1 pincée d'amande amère

Pour les moules :
1 tasse de cire d'abeille
(vierge et sans odeur)

Photo page ci-contre

*L*es cannelets ou cannelés, comme on l'écrivait jadis, sont des petits fours qui doivent leur nom à leurs moules de cuisson pourvus de bords cannelés. Dans le Bordelais, ils sont servis en accompagnement du thé ; on les déguste aussi avec le café, et même au petit déjeuner.

L'origine des cannelets n'est pas établie avec certitude, mais ils ressemblent beaucoup aux muffins anglais, également traditionnels outre-Manche avec le thé. Très populaires à l'époque victorienne, ces petits pains au lait pourraient bien avoir émigré sur les bords de la Gironde, tant les Anglais régnèrent longtemps sur le Bordelais.

Les moules en cuivre cannelés nécessaires pour cuire ces petits gâteaux ne se trouvent qu'à Bordeaux.

Faites bouillir le lait avec le beurre, la gousse de vanille fendue en 2, le zeste de citron et l'amande amère, puis laissez tiédir couvert.

Pendant ce temps, battez les œufs et le sucre au fouet. Incorporez la farine en soulevant la masse avec le fouet, sans trop travailler l'ensemble. Puis versez peu à peu le lait et remuez jusqu'à l'obtention d'un mélange bien lisse. Ajoutez le rhum et versez à travers une passoire.

Laissez reposer avec la vanille au moins 24 h au réfrigérateur, couvert.

Le lendemain, cirez les moules ; mettez-les à chauffer au four à 130°C (th. 3/4) pendant 10 min. Faites fondre la cire d'abeille vierge et, à l'aide d'un pinceau, recouvrez d'une fine couche les parois des moules encore bouillants. Retournez-les aussitôt pour faire tomber l'excédent sur un papier. Cette opération qui peut paraître curieuse va donner son brillant à la croûte extérieure des gâteaux et les rendre croustillants.

Préchauffez votre four à 210°C (th. 6/7).

Remplissez les moules de pâte jusqu'à 1 cm du bord puis faites cuire 25 à 30 min. Vous devez obtenir une couleur brun foncé sans aller jusqu'au noir.

Laissez refroidir les gâteaux dans les moules pour éviter qu'ils ne s'affaissent après un changement de température trop brutal.

L'intérieur doit rester moelleux alors que l'extérieur est croquant.

GATEAU BASQUE
AUX CERISES

Avec le pastis bourrit des Landes voisines, le gâteau basque est la pâtisserie familiale par excellence. Son nom en basque est *bourrasko opila*, mais on l'appelle aussi gâteau d'Itxassou, car on ne le prépare, en principe, qu'avec les fameuses cerises noires de cette petite ville. La plupart des recettes du début du siècle préconisent l'utilisation de confiture de cerises, mais on trouve aussi des gâteaux basques réalisés avec des fruits dénoyautés.

Aujourd'hui, on fait aussi le gâteau basque en le fourrant de crème pâtissière parfumée au rhum. Cette recette plus souvent rencontrée n'est cependant pas l'originale.

Faites fondre le beurre et laissez-le refroidir.

Mélangez intimement la farine, les amandes en poudre et la levure dans un saladier.

Dans un autre récipient, fouettez les œufs entiers et les sucres semoule et vanillé sans trop travailler l'ensemble. Incorporez doucement le beurre fondu, puis la farine mélangée, et enfin le rhum. Laissez reposer 15 min.

Préchauffez le four à 210°C (th. 6/7).

Beurrez 2 moules à génoise de 21 cm de diamètre et prévoyez la moitié des ingrédients pour chaque gâteau. Dans le moule, dressez en spirale à la poche à douille un fond de pâte en commençant par l'extérieur pour finir au centre. Recouvrez ce fond de crème pâtissière en l'étalant jusqu'à 1 cm du bord du moule. Elle ne doit pas toucher les parois si l'on souhaite un démoulage facile.

Posez les cerises en les enfonçant légèrement. Terminez par une couche de pâte dressée de la même façon que le fond du gâteau.

Dorez la surface à l'œuf battu à l'aide d'un pinceau et faites cuire 35 à 40 min.

Démoulez le gâteau encore tiède.

POUR 12 PERSONNES
(2 GATEAUX)

Préparation : 30 min
Temps de repos : 15 min
Cuisson : 35 à 40 min

3 œufs
200 g de sucre semoule
200 g de beurre
200 g de farine
70 g de poudre d'amandes
5 g de levure chimique
1 cuill. à soupe de rhum
40 g de sucre vanillé

Pour la garniture :
250 g de crème pâtissière
(recette p. 253)
280 g de cerises noires
dénoyautées

1 œuf pour la dorure

Photo page ci-contre

SAINT-EMILION AU CHOCOLAT

POUR 6 A 8 PERSONNES

Préparation et cuisson :
45 min
Temps de prise : 6 h

250 g de macarons de
Saint-Émilion (recette
p. 207)

Pour le sirop :
5 cl d'eau
50 g de sucre
5 cl de Cognac

Pour la mousse au chocolat :
250 g de chocolat à croquer
6 blancs d'œufs
4 jaunes d'œufs
150 g de beurre
40 g de sucre semoule
1 cuill. de jus de citron
1 pincée de sel

Pour le glaçage :
100 g de chocolat à croquer
40 g de beurre
80 g de sucre glace
3 cuill. à soupe d'eau

Photo page ci-contre

as de vin dans cet excellent gâteau : ce sont les fameux macarons et non le vin de Saint-Emilion qui ont donné leur nom à cet entremets. Quant au chocolat, il était déjà apprécié dans le Sud-Ouest avant même d'arriver à Paris, au début du XVIIe siècle. Les Espagnols, qui commençaient à recevoir les premières cargaisons de fèves de cacao en provenance de Vera Cruz en 1585, le commercialisèrent en effet rapidement au-delà des Pyrénées. Et c'est ainsi que Bayonne vit naître vers 1650 la première manufacture française de ce qui était encore un produit très exotique. Sous l'influence des Espagnols, les artisans préparaient alors beaucoup de chocolat à la cannelle. Si vous en trouvez, il est malheureusement beaucoup plus rare aujourd'hui, n'hésitez pas à l'utiliser, le saint-émilion n'en sera que meilleur.

Beurrez et sucrez légèrement un moule à génoise de 22 cm de diamètre et 4 cm de hauteur ou, mieux encore, un moule en aluminium jetable que vous pourrez percer au fond afin de faciliter le démoulage du gâteau.

Préparez un sirop au Cognac en faisant bouillir l'eau et le sucre. Hors du feu, ajoutez l'alcool et laissez refroidir. Pendant ce temps, confectionnez la mousse au chocolat. Faites fondre le chocolat au bain-marie ou à feu très doux. Hors du feu, ajoutez le beurre en fouettant. Vous devez obtenir un mélange à consistance de pommade. Incorporez alors les jaunes : cet appareil doit être suffisamment refroidi pour ne pas être trop liquide.

Montez les blancs additionnés de jus de citron et d'une pincée de sel en neige ferme, en ajoutant le sucre à mi-parcours. Prélevez-en d'abord le 1/4, mélangez-le bien au chocolat, puis versez cette mousse sur le reste des blancs et remuez délicatement l'ensemble.

A l'aide d'un pinceau, imbibez les macarons avec le sirop au Cognac.

Gardez-en quelques-uns pour le décor.

Versez la mousse au chocolat dans le moule et recouvrez-la de macarons.

Posez dessus un carton un peu moins grand que le moule et appuyez pour enfoncer les biscuits dans la mousse. Puis laissez au réfrigérateur une demi-journée. Démoulez le gâteau en passant rapidement le moule à l'eau chaude. Lissez la mousse sur le tour et la surface avec une palette et remettez au réfrigérateur.

Préparez le glaçage : faites fondre le chocolat au bain-marie en remuant avec une spatule, puis incorporez le sucre et le beurre fractionné en petits morceaux. Lorsque tout est bien fondu, retirez du feu et ajoutez une par une les cuillerées d'eau qui vont lisser le mélange en refroidissant.

Posez le gâteau sur une grille ou sur un support plus petit pour en dégager les bords. Etalez le glaçage à peine tiède avec une palette. Partagez en 2 les macarons restants et disposez-les tout autour du gâteau : ils se colleront au glaçage en formant un décor harmonieux.

DACQUOISE

POUR 6 A 8 PERSONNES

Préparation : 40 min
Temps de prise : 30 min à 1 h
Cuisson : 30 min

Pour les fonds :
2 blancs d'œufs
75 g de sucre glace
75 g de sucre semoule
4 cl de vin blanc liquoreux
(Sauternes, Barsac)
175 g de poudre d'amandes
50 g d'amandes effilées
10 g de miel (1 cuill. à café)

Pour la garniture :
200 g de beurre
300 g de crème pâtissière
(recette p. 253)
160 g de sucre glace
25 g de poudre d'amandes
75 g de poudre de noix
4 cuill. à café de Porto

Ce gâteau semble aussi apprécié à Pau qu'à Dax, puisqu'on l'appelle aussi paloise. C'est une variante du succès, délicate meringue aux amandes fourrée de crème au beurre. La dacquoise, quant à elle, est préparée avec un mélange de noisettes et d'amandes, et souvent parfumée au chocolat, aux noisettes, aux noix ou au café.

A la fin du XIXe siècle, François Barthélémy, président du syndicat des pâtissiers biscuitiers, donne une recette d'un gâteau d'entremets inédit, le Henri IV, proche de notre dacquoise, puisqu'il s'agit de fonds de génoise à la noisette garnis de crème au beurre, elle aussi parfumée à la noisette. Il est intéressant de noter que ce Henri IV est antérieur au succès, qui n'apparut à Paris qu'au XXe siècle.

Préparez 300 g de crème pâtissière et réservez.

Sortez le beurre à l'avance, tapez-le entre 2 feuilles de plastique. Il doit être ferme et souple.

Avec les ingrédients des fonds, préparez la même pâte que pour les macarons de Saint-Emilion (recette p. 207).

Préchauffez le four à 170°C (th. 5).

Recouvrez la plaque du four d'un papier sulfurisé.

A l'aide d'une poche à douille d'un diamètre de 1,5 cm, dressez 2 cercles pleins de 23 cm de diamètre en les espaçant légèrement l'un de l'autre. Parsemez les amandes effilées sur l'un des deux.

Faites cuire 20 à 25 min à 170°C. Les fonds, même cuits, doivent conserver un certain moelleux.

Laissez refroidir et préparez la garniture. Mélangez soigneusement les poudres d'amandes, de noix et le sucre glace. Si vous ne trouvez pas de poudre de noix dans le commerce, passez au robot ou au mixer le sucre glace et 75 g de cerneaux de noix.

Battez le beurre en lui incorporant le mélange noix-amandes-sucre glace en 4 à 5 fois. Après 3 à 4 min, ajoutez le Porto et la crème pâtissière froide et lisse. Conservez cette crème au frais jusqu'au moment de l'utiliser.

Posez le fond sans amandes sur un plat.

Avec une poche à douille d'un diamètre de 20 mm, dressez la crème, en dessinant d'abord des rosaces sur le pourtour puis finissez en garnissant le centre. Recouvrez ensuite avec le deuxième fond et mettez au réfrigérateur pour raffermir la crème.

Vous pouvez saupoudrer le gâteau de sucre glace avant de le servir.

KOKA BASQUE

*L*a crème renversée est un des entremets familiaux les plus répandus dans toutes les provinces. Au Pays basque, elle a pris le nom de koka. Ce dessert traditionnel des repas de noces est souvent servi avec des tranches de pastis bourrit.
Le koka basque n'est pas parfumé à la vanille comme la plupart des crèmes renversées, mais recouvert d'une épaisse couche de caramel, une spécialité de la région venue d'Espagne. Caramel est d'ailleurs un mot d'espagnol ancien, dérivé du latin *cannamella*, qui désignait la canne à sucre.

POUR 6 PERSONNES

Préparation : 30 min
Cuisson : 40 à 45 min

50 cl de lait
6 jaunes d'œufs
2 blancs d'œufs
50 g de crème fraîche épaisse
100 g de sucre

Pour le caramel :
50 g de sucre
1 cuill. à soupe d'eau

Préparez le caramel. Versez le sucre dans une casserole, mouillez-le avec l'eau et faites-le bien fondre en tournant avec une spatule sur feu moyen. Arrêtez alors de remuer et, quand il atteint une coloration moyenne, versez-le sur une feuille de papier sulfurisé.

Dans un bol, fouettez énergiquement les jaunes d'œufs et le sucre pour obtenir un mélange mousseux et onctueux. Ajoutez les blancs d'œufs sans les battre, puis incorporez le lait et la crème fraîche en travaillant bien l'ensemble.

Préchauffez le four à 180°C (th. 5/6).

Cassez la feuille de caramel durci en petits morceaux et disposez ces morceaux dans le fond d'un plat de porcelaine. Versez la crème par-dessus précautionneusement pour ne pas faire remonter le caramel.

Faites cuire au bain-marie 40 à 45 min.

ALSACE, LORRAINE

TARTE A LA RHUBARBE

POUR 6 PERSONNES

Préparation : 40 min
Cuisson : 45 min

300 g de pâte sucrée
(recette p. 251)
600 g de rhubarbe fraîche
(épluchée)
100 g de grains de groseilles
100 g de sucre semoule
30 g de biscuits à la cuiller
10 g de gélifiant à confiture

Pour la meringue :
2 blancs d'œufs
125 g de sucre semoule
20 g de sucre glace
1 pincée de sel
1 cuill. à café de jus
de citron

Photo page ci-contre

Nous devons aux Anglais l'utilisation de la rhubarbe en cuisine. Dès le XVIIIe siècle, ils firent des *pies*, tourtières recouvertes de pâte, avec cette plante importée d'Asie du Nord que l'on réservait alors à un usage pharmaceutique. Longtemps cultivée dans l'Est par les communautés religieuses comme plante médicinale, elle ne tarda pas à se trouver dans les jardins potagers.

En Alsace, comme en Allemagne, on en fait fréquemment des confitures, des compotes ou des tartes, parfois en la mélangeant avec des pommes. Il faut la choisir avec des pétioles fermes et charnus et ne consommer que les côtes, les feuilles et le feuillage étant beaucoup trop purgatifs.

Beurrez un moule à tarte à fond amovible de 22 cm de diamètre.

Abaissez la pâte en un disque un peu plus grand puis foncez le moule et mettez au réfrigérateur.

Ecrasez les biscuits à la cuiller pour les réduire en chapelure. Mélangez soigneusement le sucre et le gélifiant. Coupez la rhubarbe en petits dés et mettez-la dans un saladier.

En remuant bien, incorporez alors le mélange sucre-gélifiant, puis les grains de groseilles.

Préchauffez le four à 210°C (th. 6/7).

Répartissez la chapelure dans le fond du moule, puis étalez le mélange rhubarbe-groseilles et faites cuire 45 min.

Préparez la meringue. Montez les blancs additionnés d'une pincée de sel et de quelques gouttes de jus de citron en neige ferme, en ajoutant à mi-parcours une cuillerée à café de sucre. En même temps, faites cuire le reste du sucre mouillé avec 3 cuillerées à soupe d'eau. Au bout de 5 min environ, il atteint le « boulé ». Pour vous en assurer,

trempez une cuillère dans l'eau glacée, puis prélevez un peu de sucre et remettez dans l'eau froide : une goutte doit former une boule.

Versez ce sucre cuit sur les blancs d'œufs en le faisant glisser rapidement le long de la paroi du bol et continuez à fouetter pendant une dizaine de minutes à petite vitesse jusqu'à complet refroidissement.

Recouvrez la tarte de meringue avec une poche à douille cannelée. Saupoudrez de sucre glace et passez au gril 2 à 3 min pour faire dorer la surface, en surveillant attentivement la coloration du gâteau.

Vous pouvez plus simplement recouvrir la tarte d'une meringue française. En utilisant les mêmes proportions, montez les blancs additionnés de sel et de jus de citron en neige très ferme, en les soutenant à mi-parcours avec 20 g de sucre et en incorporant délicatement le reste de sucre à la fin.

Dressez ce mélange sans attendre sur la tarte à l'aide d'une poche à douille et passez au gril.

KUGELHOPF OU KOUGLOF

*L*a fameuse brioche aux raisins secs qui fait désormais partie du patrimoine alsacien au même titre que la choucroute serait arrivée d'Autriche au XVIIIe siècle. Elle doit son nom à sa forme ronde (de l'allemand *Kugel*, la boule) et à la levure de bière (de *Hopf*, le houblon) qui remplaçait autrefois le levain dans les pays d'Europe centrale. La reine Marie-Antoinette contribua au succès de ce gâteau qui conquit Paris sous le nom à l'orthographe francisée de kouglof.

En Alsace, il n'est pas de fête sans kugelhopf. Comme il est meilleur un peu rassis, on le prépare la veille dans un moule en cuivre ou en terre décoré de belles volutes, que toute jeune mariée apporte dans son trousseau.

Je préfère les moules en terre vernissée épaisse aux moules de cuivre, car la chaleur y est plus douce et mieux répartie. Mais il faut que le moule vienne d'une bonne faïencerie, car si le beurre imprègne la terre cuite, il donnera à vos kugelhopfs un goût rance au bout de quelques semaines d'utilisation.

Beurrez un moule à kugelhopf et répartissez les amandes dans le fond.

Sur le plan de travail fariné, abaissez la pâte en un rectangle de 4 cm de hauteur. Coupez-le en 2. Répartissez 50 g de raisins sur la première moitié, recouvrez avec l'autre morceau et terminez avec le reste des raisins.

Rabattez les bords de la pâte vers le centre et formez une boule. Laissez reposer 15 min, puis farinez légèrement le sommet de la boule. Creusez un trou de 10 cm environ en son milieu en tournant avec le pouce et en étirant régulièrement la pâte en couronne tout autour. L'opération s'effectue en 2 ou 3 fois en laissant reposer quelques minutes entre chaque étirage pour éviter que la pâte ne se déchire.

Disposez la couronne dans le moule en appuyant bien pour qu'elle adhère aux amandes. Laissez pousser 2 h à température ambiante. La pâte doit remplir le moule un peu plus qu'aux 3/4.

Préchauffez le four à 200°C (th. 6). Faites cuire 40 à 45 min.

Pendant ce temps préparez le sirop en faisant bouillir l'eau et le sucre. Lorsqu'il est tiède, ajoutez l'eau de fleur d'oranger.

Vérifiez la cuisson du gâteau en y piquant une lame de couteau : elle doit ressortir sèche. Démoulez chaud et badigeonnez rapidement la surface de beurre fondu, puis de sirop, à l'aide d'un pinceau.

Servez saupoudré de sucre glace.

POUR 6 PERSONNES

Préparation : 15 min
Temps de repos : 2 h
Cuisson : 40 à 45 min

360 g de pâte à brioche
(recette p. 252)
100 g de raisins blonds
10 à 20 amandes effilées
blanches pour le fond
du moule
Sucre glace
50 g de beurre fondu

Pour le sirop :
5 cl d'eau
50 g de sucre semoule
1 cuill. à café d'eau de fleur
d'oranger

Photo page ci-contre

BETTELMAN

POUR 8 PERSONNES

Préparation : 15 min
Cuisson : 55 min

50 cl de lait
270 g de sucre semoule
3 œufs
5 jaunes d'œufs
180 g de brioche
(recette p. 252)
60 g de raisins blonds
40 g de cerises noires
dénoyautées
1/2 gousse de vanille ou
1/2 bâton de cannelle

*D*ans l'Est, le simple pain perdu devient un dessert raffiné. En Lorraine, on l'agrémente depuis fort longtemps avec des mirabelles et en Alsace, il permet d'utiliser les restes de pain au lait, voire de kugelhopf. Ce nom, qui signifie « mendiant » en alsacien, désigne aujourd'hui un gâteau où le pain rassis ne sert plus guère que de prétexte. Sorte de pudding aux fruits, il peut se faire en toute saison avec de la pomme, mais le meilleur est sans aucun doute celui que l'on garnit de grosses cerises noires tout juste cueillies, un peu à la manière du clafoutis dans d'autres régions. Il se conserve plusieurs jours et peut se servir tiède ou accompagné d'une crème anglaise.

Faites bouillir le lait avec la 1/2 gousse de vanille fendue en 2.

Dans un cul-de-poule, fouettez les œufs, les jaunes et le sucre pendant 1 min. Puis versez le lait bouillant en continuant de fouetter.

Préchauffez le four à 200°C (th. 6).

Beurrez un moule en porcelaine de 21 cm de diamètre et saupoudrez le fond de sucre semoule.

Coupez la brioche en tranches de 1,5 cm d'épaisseur et disposez un peu plus de la moitié de ces tranches dans le fond du moule. Parsemez les raisins et les cerises dessus, puis recouvrez avec le restant de brioche. Versez le liquide en maintenant la brioche avec une fourchette pour éviter qu'elle ne remonte en surface.

Faites cuire au bain-marie 50 min à 1 h en surveillant la coloration. Couvrez si nécessaire avec une feuille d'aluminium en fin de cuisson. Démoulez et servez froid.

Accompagnez ce dessert d'une purée fraîche de framboises ou d'un coulis de cerise au kirsch.

GATEAU AU CHOCOLAT DE NANCY

Photo page ci-contre

*A*u contraire de l'Alsace, la Lorraine a toujours utilisé beaucoup de chocolat dans ses pâtisseries et ses friandises. A Mirecourt, capitale française de la lutherie, le chocolat est moulé en forme de viole. On fait aussi des mirabelles en chocolat. A Nancy, un chardon en chocolat représente l'emblème de la ville. Le bon roi Stanislas a également donné son nom à un gâteau au chocolat et aux amandes.

Les amateurs connaissent aussi le gâteau lorrain, servi avec une crème anglaise, le gâteau luxembourgeois, sorte de charlotte, et le

POUR 6 PERSONNES

Préparation : 25 min
Cuisson : 45 à 50 min

200 g de chocolat noir en
tablette
175 g de beurre
3 jaunes d'œufs
5 blancs d'œufs
180 g de sucre
100 g de poudre d'amandes
40 g de farine
30 g de sucre vanillé
1 pincée de sel
2 cuill. à café de jus
de citron
Amandes effilées

gâteau au chocolat de Metz, qui ressemble beaucoup à celui de Nancy. Ainsi la tradition chocolatière s'est-elle maintenue vivace jusqu'à nos jours dans les deux « capitales » rivales de la Lorraine (Metz et Nancy).

Pour réussir ce gâteau, il est indispensable d'utiliser du chocolat noir de très bonne qualité, contenant au moins 50 % de cacao.

Sortez le beurre à l'avance et mettez le chocolat à fondre dans une casserole au bain-marie.

Dans un bol, travaillez le beurre au fouet jusqu'à le rendre mou et lisse. Versez progressivement le chocolat fondu et tiède (environ 40°C), en continuant de remuer. Ajoutez 100 g de sucre et le sucre vanillé puis les jaunes d'œufs un par un en fouettant vivement. Incorporez enfin la farine et la poudre d'amandes, en remuant avec une spatule jusqu'à l'obtention d'un mélange homogène.

Battez les blancs d'œufs en neige ferme avec la pincée de sel et le jus de citron, en les soutenant à la fin avec le reste du sucre. Incorporez le

1/4 des blancs montés au mélange précédent, en soulevant délicatement la masse avec une spatule. Lorsque la pâte est plus souple, ajoutez le reste des blancs toujours avec précaution.

Préchauffez le four à 220°C (th. 7).

Beurrez le moule à savarin de 26 cm de diamètre. Parsemez l'intérieur d'amandes effilées, puis versez la pâte sans dépasser les 3/4 du moule.

Enfournez et baissez aussitôt la température du four à 170°C (th. 5). Faites cuire 45 à 50 min.

Démoulez. Servez tiède avec une sauce à la vanille.

POUR 20 PIECES ENVIRON

Préparation : 20 min
Temps de repos : 12 h
Cuisson : 8 à 10 minutes

3 œufs
130 g de sucre
150 g de farine
125 g de beurre
20 g de miel liquide (de
cerisier éventuellement)
5 g de levure chimique
1 pincée de sel
Le zeste d'1/2 citron ou
d'1/2 orange

Photo page ci-contre

MADELEINES
DE COMMERCY

Ce petit gâteau dont la jolie forme de coquille bombée et le délicat parfum d'orange ou de citron firent rêver Marcel Proust a sans doute emprunté le prénom de sa créatrice. La petite servante qui en confectionna à l'improviste pour l'ex-roi de Pologne Stanislas Leszczynski, lorsqu'il résidait à Commercy, s'appelait en effet Madeleine.

Ce soir-là, l'irascible pâtissier du château avait abandonné ses fourneaux et laissé le roi sans dessert à offrir à ses hôtes. Séduit par les petites pâtisseries de sa servante, Stanislas leur donna son nom et en envoya aussitôt à Versailles à sa fille Marie, épouse de Louis XV, où elles connurent un vif succès.

Leur recette, longtemps tenue secrète, fut paraît-il vendue fort cher aux pâtissiers de Commercy, qui en firent une spécialité de la ville. Aujourd'hui, ils utilisent quotidiennement plusieurs centaines d'œufs frais par jour pour leur fabrication.

Visitandines de Lorraine

80 gr d'amandes en poudre
145 gr de sucre glace
4 blancs d'œufs
50 gr de farine
110 gr de beurre
10 cl de rhum

Faites fondre le beurre
sur une cass...
une casserole en
t... doucement...
les amandes...
t les...
Hors du...
farine po...
et le...
Beurre...

La veille, faites fondre le beurre dans une petite casserole au bain-marie et hachez très finement le zeste de citron.

Dans un saladier, mettez les œufs entiers avec le sel, le sucre et le miel. Travaillez longuement le mélange au fouet jusqu'à ce qu'il blanchisse et devienne mousseux.

Ajoutez alors la farine tamisée, la levure, puis le beurre fondu et le zeste de citron. Mettez la pâte à reposer au réfrigérateur.

Le lendemain, préchauffez le four à 220°C (th. 7).

Beurrez et farinez légèrement une plaque à madeleines. Versez la pâte en emplissant les moules aux 2/3 seulement. Faites cuire 8 à 10 min, puis démoulez et laissez refroidir sur une grille.

Les madeleines se conservent très bien en boîte hermétique au réfrigérateur.

VISITANDINES DE LORRAINE

Les religieuses lorraines devaient être fort gourmandes tant sont nombreuses les pâtisseries dont on leur attribue la création. Des macarons de Nancy au pain d'épice de Remiremont, des pets-de-nonne à ces visitandines, leur imagination paraissait vouée aux sucreries et a laissé une forte empreinte dans les desserts régionaux. Ou bien peut-être ces derniers petits gâteaux ne furent-ils inventés que dans un noble souci d'économie, pour utiliser des blancs d'œufs excédentaires...
Comme les créations des religieuses de l'ordre de la Visitation-Sainte-Marie étaient bonnes, on en vendit de plus en plus, et les pâtissiers les améliorèrent. On peut en effet les recouvrir après cuisson d'une légère couche de confiture d'abricots ou les glacer avec un fondant au kirsch, ce qui en fait un petit four très délicat.

POUR 18 A 20 PIECES

Préparation : 15 min
Cuisson : 15 min

80 g de poudre d'amandes
145 g de sucre glace
4 blancs d'œufs
50 g de farine
110 g de beurre
10 cl de rhum
Fécule et sucre glace pour les moules

Photo page ci-contre

Faites fondre le beurre jusqu'à lui donner une couleur noisette.

Dans une casserole, mettez à tiédir doucement, en remuant avec une spatule la poudre d'amandes, le sucre glace et les blancs d'œufs. Hors du feu, incorporez la farine puis le beurre fondu et le rhum.

Préchauffez le four à 210°C (th. 6/7).

Beurrez légèrement des moules à friands ou des moules ovales de 8 cm x 4 cm environ.

Saupoudrez-les d'un mélange en quantités égales de sucre glace et de fécule tamisée. Versez la pâte en garnissant les moules aux 3/4 seulement et faites cuire 15 min.

Laissez 2 à 3 h à température ambiante avant de déguster.

Les visitandines se conservent dans un récipient hermétique une semaine au réfrigérateur.

RECETTES DE BASE

PATE FEUILLETEE

POUR 1,2 KG DE PATE

Préparation : 30 min
(5 h avant)

500 g de farine
575 g de beurre
15 g de sel
25 cl d'eau

Prélevez 75 g de beurre et laissez-le à température ambiante. Lorsqu'il est bien ramolli, mélangez-le rapidement, en 30 s, à la farine et au sel fondu dans l'eau, en pétrissant à petite vitesse dans un bol mélangeur. Ramassez la pâte en boule, quadrillez la surface avec un couteau puis gardez-la au réfrigérateur pendant 2 h dans un récipient couvert.

Tapez le reste de beurre entre 2 feuilles de plastique pour le rendre homogène tout en le laissant ferme.

Reprenez la pâte et abaissez-la en carré. Posez le beurre au centre et rabattez les bords pour bien l'enfermer dans la pâte.

Allongez l'abaisse en rectangle et pliez-la en 3. On dit que vous donnez un tour. Puis tournez-la d'1/4 de tour devant vous et allongez-la à nouveau.

Pour donner un deuxième tour, renouvelez les opérations (allongez l'abaisse, etc.).

Enveloppez la pâte et mettez-la 1 h au réfrigérateur.

Reprenez-la, donnez 2 nouveaux tours et remettez-la au frais pendant 1 h encore.

La pâte feuilletée ne se conserve que 3 ou 4 jours au réfrigérateur.

Enveloppez-la dans du papier d'aluminium ou un film de plastique en pâtons de 400 g, après lui avoir redonné 4 tours.

PATE BRISEE

Si vous utilisez du beurre salé (pas plus de la moitié des proportions indiquées), diminuez de moitié la quantité de sel.

Faites une fontaine dans la farine. Mettez le sucre et le sel sur les bords de la farine, puis, au centre, le beurre et les œufs (surtout sans les mettre en contact avec le sel) et pétrissez le tout.

Travaillez le moins longtemps possible. La pâte ne doit surtout pas être élastique et il peut rester des petits morceaux de beurre. Fraisez ensuite la pâte : poussez-la avec la paume de la main en incorporant le lait. Rassemblez-la en boule, emballez-la et laissez-la reposer au réfrigérateur une nuit si possible. Elle sera meilleure et plus facile à utiliser.

Si vous utilisez un bol pétrisseur, commencez par travailler le sucre et le sel avec le beurre ajouté par morceaux. Incorporez ensuite les œufs et le lait puis la farine en une seule fois. Comme précédemment, travaillez le moins longtemps possible.

Bien emballée, la pâte brisée peut être conservée 8 jours au réfrigérateur.

POUR 950 G DE PATE

Préparation : 15 min
Temps de repos : 12 h

500 g de farine
20 g de sucre semoule
15 g de sel
350 à 400 g de beurre
2 œufs
2 à 3 cuill. à soupe de lait

PATE A CHOUX

Pour respecter les proportions de la recette, choisissez les œufs de façon que leur volume soit égal à celui du liquide (25 cl).

Faites chauffer doucement dans une casserole le lait et l'eau avec le sel, le sucre et le beurre. Dès le début de l'ébullition, ôtez du feu et ajoutez la farine.

Remettez à chauffer 1 min en remuant avec une spatule pour dessécher la pâte.

Transvaser la pâte dans un récipient chaud puis incorporez 2 œufs en fouettant quelques secondes, deux autres aussitôt après, puis le dernier. Arrêtez de fouetter dès que la pâte est homogène.

Pour que la pâte à choux ne craque pas, utilisez-la aussitôt.

POUR 800 G DE PATE

Préparation : 15 min

12,5 cl d'eau
12,5 cl de lait
110 g de beurre
5 g de sel (2 petites cuill. à café)
5 g de sucre
140 g de farine
5 œufs

PATE SUCREE

Mélangez les ingrédients en procédant exactement comme pour la pâte brisée.

Faites une fontaine dans la farine en mettant les sucres, la poudre d'amandes et le sel sur les bords puis le beurre et les œufs au centre (sans les mettre en contact avec le sel). Travaillez le moins longtemps possible, fraisez la pâte en la poussant avec la paume de la main et rassemblez-la en boule.

Si vous utilisez un bol pétrisseur, mélangez très rapidement le beurre fractionné en morceaux, les sucres, le sel, la farine et la poudre d'amandes puis incorporez les œufs et rassemblez la pâte.

Laissez reposer au moins une nuit au réfrigérateur, si possible 24 h, puis débitez la pâte en morceaux de 300 g. Emballée dans du papier aluminium, vous pouvez la conserver 15 jours au réfrigérateur.

POUR 1,2 KG DE PATE

Préparation : 15 min
Temps de repos : 12 à 24 h

500 g de farine
350 g de beurre
125 g de sucre semoule
ou glace
2 œufs
1 pincée de sel
1 sachet de sucre vanillé
125 g de poudre d'amandes
(facultatif)

PATE A BRIOCHE

POUR 1,2 KG DE PATE

Préparation : 30 min (pâte
à préparer la veille)
Temps de repos : 4 h

500 g de farine
350 g de beurre
6 œufs
30 g de sucre semoule
15 g de sel
15 g de levure de boulanger
2 cuill. à soupe de lait

Vous pouvez remplacer jusqu'à la moitié du beurre par du beurre salé en diminuant la quantité de sel dans les mêmes proportions.

Une heure à l'avance, sortez le beurre du réfrigérateur et émiettez la levure dans un bol avec une cuillerée d'eau tiède. Délayez le sel et le sucre dans la cuillerée de lait dans un autre bol.

Faites une fontaine dans la farine, versez dedans la levure délayée, mélangez bien avec les doigts. Ajoutez les œufs un par un, incorporez-les soigneusement, terminez avec le sucre et le sel délayés. Pétrissez la pâte à la main une dizaine de minutes, elle doit devenir très élastique.

Mettez le beurre entre 2 feuilles de plastique et assouplissez-le en le battant au rouleau à pâtisserie. Mettez 1/3 de la pâte dans un grand saladier, incorporez le beurre en le travaillant avec une corne de plastique. Ajoutez ensuite les 2/3 de pâte, l'un après l'autre, en travaillant bien le mélange chaque fois.

Recouvrez la pâte d'un torchon fariné et laissez-la pousser 1 h au tiède, à 25°C environ. Le dessus d'un radiateur ou le four tiédi puis éteint conviennent bien.

Rompez alors la pâte à la main en 2 fois et mettez-la à pousser à nouveau 2 à 3 h au réfrigérateur. La pâte bien faite doit former la boule. Rompez-la à nouveau puis laissez-la une nuit au réfrigérateur. Pour rompre, il faut soulever la pâte avec une main et la laisser retomber d'un mouvement sec. Elle va se dégonfler.

Si vous avez un bol pétrisseur, mettez d'abord le sel et le sucre délayés puis la farine et la levure. Pétrissez lentement en ajoutant en une seule fois 4 œufs entiers. Continuez à pétrir et, lorsque la pâte devient ferme et homogène, ajoutez les 2 autres œufs l'un après l'autre.

Pétrissez encore environ 15 min à vitesse moyenne et, quand la pâte est souple et élastique, incorporez rapidement le beurre en le fractionnant en morceaux de la taille d'un œuf. Cela ne doit pas prendre plus de 2 min. Procédez ensuite de la même manière que si vous aviez pétri la pâte à la main.

MON SUCRE VANILLE

**POUR 1 KG DE SUCRE
SEMOULE**

Préparation : 10 min

8 gousses de vanille
Bourbon de Madagascar
ou de la Réunion

Fendez les gousses de vanille en 2 dans le sens de la longueur. Avec la pointe d'un couteau, grattez l'intérieur des gousses pour en extraire les grains noirs en les tenant au-dessus d'un saladier contenant le sucre.

Mélangez soigneusement les grains de vanille au sucre avec une fourchette.

Versez ensuite le sucre dans un bocal ou un récipient fermant hermétiquement et glissez les gousses de vanille à l'intérieur.

La vanille dégagera tout son arôme 2 mois après la mise en bocal. Vous pourrez alors utiliser le sucre en le prélevant au fur et à mesure de vos besoins.

L'écorce des gousses servira encore à parfumer toutes sortes de préparations comme le riz au lait, la sauce à la vanille ou la crème pâtissière.

CREME D'AMANDES

POUR 1,4 KG DE CREME

Préparation : 15 min (si la crème pâtissière est déjà faite)

250 g de beurre
250 g de poudre d'amandes
250 g de sucre glace
3 œufs
25 g de Maïzena
2,5 cl de rhum
(2 cuill. à soupe)
375 g de crème pâtissière
(recette ci-dessous)

Si elle n'est pas déjà faite, préparez d'abord la crème pâtissière car elle doit être utilisée froide.

Commencez par pétrir le beurre dans un bol. Quand il se transforme en pommade, ajoutez la poudre d'amandes, le sucre glace puis les œufs un par un toutes les 30 s.

Continuez à pétrir à vitesse moyenne jusqu'à ce que la masse soit homogène et légère puis ajoutez la Maïzena et le rhum. Ce premier mélange peut se conserver 8 jours au réfrigérateur dans un récipient hermétique.

Incorporez enfin la crème pâtissière froide, cuillerée par cuillerée.

CREME ANGLAISE VANILLEE

POUR 700 G DE CREME

Préparation
et cuisson : 15 min
(au moins 30 min avant)

50 cl de lait
6 jaunes d'œufs
125 g de sucre semoule
10 g de sucre vanillé

Faites bouillir le lait et le sucre vanillé.

Pendant ce temps, fouettez les jaunes d'œufs et le sucre jusqu'à ce que le mélange blanchisse. Versez le lait bouillant sur le mélange en continuant à fouetter.

Remettez ensuite le tout dans une casserole à feu doux, en remuant à la spatule et en veillant à ne surtout pas faire bouillir. Lorsque le mélange nappe la spatule, posez le fond de la casserole dans un bain-marie froid pour arrêter immédiatement la cuisson.

Remuez de temps en temps pendant le refroidissement pour éviter qu'une peau ne se forme en surface.

CREME PATISSIERE VANILLEE

POUR 900 G DE CREME

Préparation
et cuisson : 20 min

50 cl de lait
5 g de sucre vanillé
6 jaunes d'œufs
150 g de sucre semoule
40 g de Maïzena ou
de farine extra

Faites bouillir le lait avec le sucre vanillé.

Dans un bol, fouettez vivement les jaunes avec le sucre jusqu'à ce que le mélange blanchisse puis ajoutez la farine ou la Maïzena sans les travailler.

Versez le lait bouillant sur le mélange sans cesser de remuer.

Remettez sur le feu et laissez bouillir la crème 1 ou 2 min en fouettant énergiquement contre le fond de la casserole pour qu'elle n'attache pas.

Versez la crème dans un saladier pour la faire refroidir en frottant la surface avec un petit morceau de beurre pour éviter la formation d'une croûte.

BIBLIOGRAPHIE

Amicale des cuisiniers et pâtissiers auvergnats de Paris, *Cuisine d'Auvergne*, Denoël, Paris, 1979.

Andréis, Florence de, *La Cuisinière provençale d'aujourd'hui*, Rivages, Marseille, 1980.

Benoît, Félix, *La Cuisine lyonnaise*, Solar, Paris, 1972.

Blond, Georges et Germaine, *Festins de tous les temps*, Fayard, Paris, 1976.

Bourin, Jeanne, *Les Recettes de Mathilde Brunel*, Flammarion, Paris, 1983.

Carréras, M. Thérèse et Lafforgue, Georges, *Les Bonnes Recettes du pays catalan*, Presses de la Renaissance, Paris, 1979.

Ceccaldi, Marie, *Cuisine de Corse*, Denoël, Paris, 1980.

Charriot, Sylvie, *Manuel de Cuisine normande*, Harriet, Bayonne, 1987.

Courtine, Robert J., *Balzac à table*, Robert Laffont, Paris, 1976.

Courtine, Robert J., *Il était une fois des recettes*, Flammarion, Paris, 1984.

Courtine, Robert J., *Le Grand Livre de la France à table*, Delachaux et Niestlé/Bordas, Paris, 1979.

La Cuisine antillaise, Éd. Time-Life, Nederland, 1971.

La Cuisine auvergnate, Presses-Pocket, Paris, 1979.

Da Mathilde, *325 Recettes de cuisine créole*, Pensée moderne, Paris, 1975.

Les Desserts de nos provinces, inventaire culinaire régional, Hachette, Paris, 1971.

Dussourt, Henriette, *Les Secrets des fermes au cœur de la France*, Berger-Levrault, Paris, 1982.

Esquerré-Anciaux, Monique, *Cuisine des Ardennes*, Denoël, Paris, 1982.

Guillaume, Monique et Blaunac, Yvonne de, *La Passion des fruits exotiques*, Flammarion, Paris, 1989.

Guimaudeau-Franc, Zette, *Les Secrets des fermes en Périgord noir*, Serg, 1978.

Journal des confiseurs-pâtissiers-chocolatiers, Paris, 1897 à 1903.

Journal des pâtissiers-biscuitiers, Paris, 1898.

Journal des pâtissiers-cuisiniers-chocolatiers, Paris, 1890 à 1896.

Jouveau, René, *La Cuisine provençale*, Vilo, Paris, 1979.

Karsenty, Irène, *La Cuisine de Savoie-Dauphiné*, Denoël, Paris, 1981.

Koscher, Joseph, Diss, Antoine, Hinault, Francis et Euler, Charles, *Les Recettes de la table alsacienne*, Société alsacienne d'Édition et de Diffusion, Strasbourg, 1969.

Lacam, R., *Mémorial historique de la pâtisserie*, Paris, 1898.

Lallemand, Roger, collection « La Cuisine de chez nous », Éditions du Quartier Latin, Paris, 1967 à 1977.

Lallemand, Roger, collection «La Vraie Cuisine à travers la France», Éditions Lanore, Paris, 1967 à 1976.

Lallemand, Roger, *Les Savoies gastronomiques*, Éditions Charles Corlet, Condé sur Noirot, 1988.

Lenôtre, Gaston, *Faites votre pâtisserie comme Lenôtre*, Flammarion, Paris, 1975.

Lenôtre, Gaston, *Faites vos glaces, et votre confiserie*, Flammarion, Paris, 1978.

Lenôtre, Gaston, *Faites la fête comme Lenôtre*, Flammarion, Paris, 1983.

Leveillé, Jeanne et Guérout, Philippe, *La Cuisine des Charentes et du poitou*, Denoël, Paris, 1984.

Les Maîtres cuisiniers de France, *Les Recettes du terroir*, Laffont, Paris, 1984.

La Mazille, *La Bonne Cuisine du Périgord*, Flammarion, Paris, 1929.

Morand, Simone, *Cuisine et gastronomie du Maine, de la Touraine et de l'Anjou*, Éd. Ouest-France, Rennes, 1977.

Perrier-Robert, Annie, *Les Friandises et leurs secrets*, Larousse, Paris, 1986.

Philippon, Henri, *Cuisine du Quercy et du Périgord*, Denoël, Paris, 1979.

Poilane, Lionel, *Guide de l'amateur de pain*, Robert Laffont, Paris, 1981.

Poulain, Jean-Pierre et Rouyer, Jean-Luc, *Histoires et recettes de la Provence et du comté de Nice*, Privat, Paris, 1987.

Rastignac, Huguette, *La Cuisine occitane*, Solar, Paris, 1973.

Rivoyre, Éliane et Jacquette de, *La Cuisine landaise*, Denoël, Paris, 1980.

Style, Sue, *L'Alsace gourmande*, Flammarion, Paris, 1990.

Verroust, M.-L. et J., *Friandises d'hier et d'aujourd'hui*, Berger-Levrault, 1979.

Vielfaure, Nicole et Beauviala, A. Christine, *Fêtes, coutumes et gâteaux*, Christine Bonneton, Le Puy, 1981.

Vignaud, Jean-Claude, *Les Cuisines de terroir - Auvergne, Bourbonnais, Périgord -*, Dargaud, Paris, 1975.

Vincenot (famille), *Cuisine de Bourgogne*, Denoël, Paris, 1979.

Wells, Patricia, *La France gourmande*, Flammarion, Paris, 1988.

DU MÊME AUTEUR

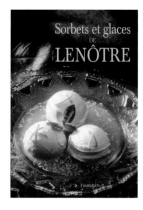
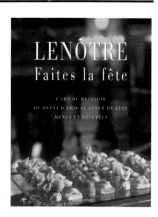

GLOSSAIRE

ABAISSE : Pâte amincie et allongée au rouleau.

APPAREIL : Préparation servant de base à la confection d'une mousse, crème ou pâte.

BAIN-MARIE : Récipient posé sur une casserole d'eau chaude destiné à cuire ou faire fondre des éléments sans risque de les brûler.

BOL PÉTRISSEUR : Appareil électro-ménager muni d'un bol, d'un fouet, d'une feuille permettant le pétrissage des pâtes.

CHINOIS : Passoire très fine.

CHIQUETER : Faire des entailles régulières et en biais sur les bords d'une pâte pour former un décor, à l'aide d'un couteau.

CISELER : Couper finement avec des ciseaux.

CORNE DE PLASTIQUE : Spatule sans manche, en plastique, utilisée pour rassembler et détacher une pâte des bords d'un bol.

CRETE : Décor de bordure de tarte en forme de crête de coq.

CUILLERE PARISIENNE : Cuillère dotée d'un petit cuilleron ovale cannelé en rond, servant à prélever des boules dans les pommes de terre et les fruits.

CUIRE AU BOULE : Faire cuire un sirop de sucre jusqu'à ce que le sucre forme une boule molle. Le sucre étant alors à 118°C, il faut en jeter un peu avec une petite cuillère dans de l'eau froide avant de tester sa consistance.

CUL-DE-POULE : Récipient à fond rond en acier inoxydable utilisé pour fouetter des appareils liquides ou fragiles.

DRESSER UNE PATE : La mettre en forme de choux, de biscuit, etc., à l'aide d'une poche à douille, d'une cuillère ou bien avec les doigts.

ETAMINE : Linge très fin ressemblant à de la gaze.

FONCER : Garnir le moule d'une abaisse de pâte.

FONTAINE : Former un puits avec la farine pour déposer au centre les œufs, le beurre, etc.

FRAISER : Allonger une pâte avec la paume de la main pour la rendre homogène.

MASQUER : Recouvrir un gâteau d'une couche de crème avec une palette pour en égaliser la forme avant le glaçage.

MOULE A CAKE : Moule rectangulaire plutôt long pour cuire les cakes.

MOULE A MANQUÉ : Moule rond à bords hauts pour cuire les génoises, biscuits, etc.

MOULE A SAVARIN : Moule rond en forme de couronne pour cuire les savarins.

NAPPER : Recouvrir un gâteau d'une crème, d'un glaçage, d'une gelée.

PALETTE : Outil inoxydable pour étaler une crème.

PETRIR : Malaxer, avec les mains ou à l'aide d'un batteur, de la farine avec d'autres éléments.

POCHE A DOUILLE : Poche en tissu en forme d'entonnoir dans laquelle on glisse une douille en acier inoxydable pour dresser ou décorer des gâteaux.

POCHER : Méthode de cuisson qui consiste à plonger un élément dans l'eau bouillante.

POMMADE : Consistance nécessaire pour travailler le beurre pour certaines crèmes.

POUSSE : Gonflement sous l'action de la levure d'une pâte à brioche, à baba, etc.

ROMPRE : Soulever la pâte avec la main légèrement farinée puis la laisser retomber d'un mouvement vif.

RUBAN : Se dit d'un mélange de jaunes d'œufs et de sucre fouettés, dont la consistance est assez lisse pour qu'il se déroule comme un ruban.

SPATULE : Ustensile de cuisine en bois ou en caoutchouc, à lame rectangulaire ou arrondie, servant aux mélanges ou au nappage des gâteaux.

TAMISER : Passer au travers d'un tamis pour ôter les grumeaux.

REMERCIEMENTS

L'auteur tient à remercier deux jeunes collaborateurs, Joël Boulay, chef du laboratoire de recherches, et son adjoint, Christophe Gaumer : ils ont avec patience le soir après leur travail, souvent leur jour de congé, corrigé et refait jusqu'à la perfection ces recettes oubliées selon mes idées. Seul, on n'est rien mais aidé et compris par toute une équipe l'on peut tout.
L'auteur remercie également M. Sender, directeur de la Fondation du Patrimoine Culinaire et des Arts de la Table, au château de Grignon

L'éditeur remercie pour leur précieuse collaboration à la réalisation de cet ouvrage Jean-Michel Noël, Henri Grenier et Martine Anglade ainsi que Marianne Perdu et Laurence Raverdy pour leurs précieuses corrections.

Il remercie également les boutiques qui lui ont gracieusement prêté des objets pour la réalisation des photos : **Le Bain Marie**, 11, rue Boissy d'Anglas, 8e ; **Devine qui vient dîner**, 83, av. Emile-Zola, 15e ; **La Tuile à Loup**, 35, rue Daubenton, 5e ; **Fanette**, 1, rue d'Alençon, 14e ; **Mère Grand**, 36, rue Raynovard, 16e ; **Éric Dubois**, rue Saint-Paul, 4e ; **Despalles**, 68, bd Saint-Germain, 5e ; **Dîner en ville**, 27, rue de Varenne, 7e ; **La Desserte**, 57, rue du Commerce, 15e ; **Le Jardin Imaginaire**, 9 *bis*, rue d'Assas, 6e ; **Au fond de la cour**, 49, rue de Seine, 6e ; **La Galerie Farnèse**, (pour ses carrelages anciens), 47, rue de Berry, 8e ; **Aliette Texier**, 26, place Dauphine, 2e ; 39-41 quai de l'Horloge, 1er ; **Quartz**, 12, rue des Quatre-Vents, 6e.

Table Alphabetique des Recettes

Mise au point du texte :
Joël Boulay
et Christophe Gaumer,
avec la contribution
de Martine Anglade.

Direction éditoriale : Ghislaine Bavoillot
Direction artistique : Marc Walter
Maquette : Sophie Zagradsky
Réalisation PAO : Octavo Éditions
Photogravure : Colourscan France

© Flammarion. Paris 2001
ISBN : 2082006786
N° d'édition : FT0678
Imprimé en Italie par Canale
Dépôt légal : mai 2001